나, 오늘 독서록 어떻게 써!

나, 오늘 독서록 어떻게 써!

글 조혜원 | 그림 진정윤

파란정원

작가의 말

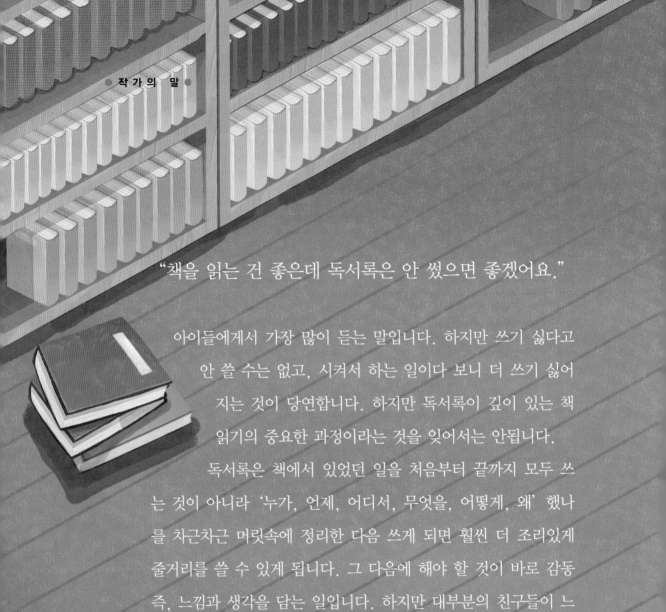

"책을 읽는 건 좋은데 독서록은 안 썼으면 좋겠어요."

아이들에게서 가장 많이 듣는 말입니다. 하지만 쓰기 싫다고 안 쓸 수는 없고, 시켜서 하는 일이다 보니 더 쓰기 싫어지는 것이 당연합니다. 하지만 독서록이 깊이 있는 책 읽기의 중요한 과정이라는 것을 잊어서는 안됩니다.

독서록은 책에서 있었던 일을 처음부터 끝까지 모두 쓰는 것이 아니라 '누가, 언제, 어디서, 무엇을, 어떻게, 왜' 했나를 차근차근 머릿속에 정리한 다음 쓰게 되면 훨씬 더 조리있게 줄거리를 쓸 수 있게 됩니다. 그 다음에 해야 할 것이 바로 감동 즉, 느낌과 생각을 담는 일입니다. 하지만 대부분의 친구들이 느낌은 줄거리 맨 뒷부분에 한 줄로 끝인 경우가 많습니다.

이 책에서는 그런 친구들을 위해 '이런 생각! 저런 생각!' 부분에 여러 가지 질문들을 제시하여 다양한 생각을 끌어낼 수 있게 하였습니다. 또한 항상 똑같은 독서록이 아닌 마인드맵 그리기, 독서 퀴즈 만들기, 삼행시 짓기, 주인공 인터뷰하기 등과 같이 다양한 독서록 쓰는 방법을 알려주어 재미있는 독서록 쓰기를 돕고 있습니다.

자, 이제 독서록에 자신감이 생겼나요? 어렵다고 생각하지 말고, 한 번에 하나씩 차근차근 따라 하다보면 어느새 글 쓰는 실력이 훌쩍 자라있는 나를 보게 될 것입니다.

글쓴이 조 혜 원

차 례

| 독서록! 넌 누구니? |

| 오늘은 어떻게 쓸까? |

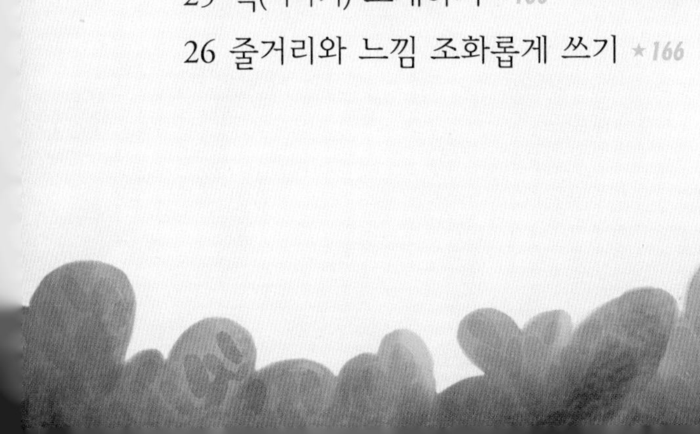

1. 독서록, 꼭 써야 하나요?

책을 싫어하는 친구들은 물론이고, 책을 좋아하는 친구들이라도 한번쯤은 이런 생각을 해봤을 거예요. 책만 많이 읽으면 되지, 도대체 왜? 독서록이란 걸 자꾸 쓰라고 하는지 도무지 이해가 되지 않아요.

그렇다면 독서록은 왜 써야 하는 걸까요? 바로 깊이 있는 책읽기를 위한 되새김질이기 때문이에요. 친구들도 '수박 겉핥기'란 말을 들어봐서 알 거예요. 수박 겉만 핥아 보고 친구들은 수박 맛을 알 수 있나요? 당연히 수박을 썰어 속살을 먹어봐야 그 맛을 알 수 있겠지요.

독서록도 책을 읽은 후 수박 속살을 맛보듯 머릿속으로 다시 한 번 책을 맛보고 정리하는 중요한 과정이기 때문에 꼭 써야 하는 거예요.

독서록의 장점

❶ 책에서 얻은 간접적인 경험과 지식을 독서록이라는 되새김질을 통하여 자기 것으로 만들어 견문을 넓히고, 다양한 지식을 갖게 합니다.

❷ 행동, 사건, 성격, 인물 등을 관찰하며 이해력과 통찰력에 깊이를 더해 줍니다.

❸ 다양한 문장과 단어를 통해 문장력과 어휘력이 좋아집니다.

2. 독서록에도 갖추어야 할 것이 있어요!

독서록도 일기의 날짜, 날씨처럼 꼭 갖추어야 할 것이 있어요. 책이름은 당연하다고 생각할 거예요. 그럼 글쓴이나 그린이의 이름은 어떤가요? 아마도 필요 없다고 생각하는 친구들도 분명 있을 거예요. 하지만 책을 읽다보면 내가 좋아하는 종류의 책만 보게 되는 경우가 많아요. 어쩌면 그 책들이 같은 글쓴이의 작품일 수도 있지 않을까요?

이처럼 글쓴이와 그린이의 이름을 기록하여 책의 편식을 막고, 같은 글쓴이의 작품들을 통하여 글쓴이의 마음을 읽어 더욱 깊이 있는 책읽기를 할 수 있게 합니다.

① 날짜	② 책이름
③ 글쓴이	④ 그린이
⑤ 출판사	⑥ 쪽수
⑦ 제목	

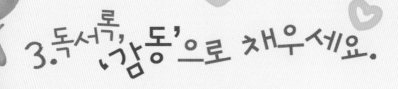

3. 독서록, '감동'으로 채우세요.

독서록 즉, 독서감상문은 책을 읽은 후의 감상을 적는 글이에요. 사실 중요한 것은 줄거리가 아니라 이 책이 나를 어떻게 감동시켰느냐 하는 것이지요.

책의 종류에 따라 나의 마음을 흔들어 눈물짓게 하는 것도 있고, 배꼽을 잡으며 깔깔깔 웃게 만드는 책도 있어요. 또 마음이 아닌 나의 지적 호기심을 자극하여 새로운 지식을 얻고자 하는 욕구를 느끼게 할 수도 있지요. 이처럼 책이 나에게 어떤 감동을 주었는지가 독서록 쓰기의 가장 중요한 내용이 되는 거예요.

책은 읽을수록 그 맛이 다르다고 해요. 같은 책이라도 읽을 때마다 그 맛이 다르고, 깊어진다는 뜻이지요. 감동이 바로 그 깊은 맛이에요.

감동을 표현하는 독서록

❶ 자작시나 삼행시로 리듬감 있게 표현합니다.
❷ 인상적인 부분을 그림이나 만화로 표현합니다.
❸ 새롭게 알게 된 사실을 적고, 왜 흥미를 느꼈는지 적습니다.
❹ 등장인물이나 작가에게 편지를 써서 마음을 전합니다.

4. 독서록, 재미있게 쓰고 싶어요!

독서록은 생각이나 감정을 표현한다는 점에서 볼 때 글로 쓰는 것이 가장 자세하고, 정확하게 표현할 수 있는 방법이에요. 하지만 매번 똑같은 형식으로 쓰게 되면 독서록은 금세 지겨워져 버리지요.

그럼 책의 종류에 따라 다르게 표현해 보는 것은 어떨까요. 책을 읽으면서 느낀 감동을 가장 잘 표현할 수 있는 형태를 찾아 그림이나 시, 편지 등으로 나의 감동을 써내려 가는 재미. 이것 또한 독서록을 쓰는 또 다른 묘미가 될 수 있어요.

그리고 다양한 형태의 독서록에 정확한 문장부호를 사용하면 표현하고자 하는 감동의 맛을 더 크게 표현할 수 있어요.

그림으로 표현하는 독서록

1. 가장 인상에 남는 장면을 그림으로 그리고 이유도 적습니다.
2. 네 컷 만화로 그리고 말풍선을 달거나 설명글을 적습니다.
3. 상장 또는 카드를 만들어 봅니다. 책광고를 만드는 것도 좋습니다.
4. 마인드맵으로 이야기를 지도화합니다.

|오늘은 어떻게 쓸까?| 01

가족과 비교하여 쓰기

"연규, 너 오늘도 학원 빠지고 놀러갔었어? 정말 오늘은 야단 좀 맞아야겠다!"

엄마는 집에 오자마자 무섭게 혼냈어요. 화분 깬 일부터 시작해서 교회에 낼 헌금으로 과자 사 먹은 일까지 몽땅 말이지요.

휴, 이게 다 저 얄미운 고자질쟁이 지혜 때문이에요.

나는 엄마 몰래 지혜가 있는 방으로 들어갔어요.

"야, 너 한 번만 더 일러바치면 그땐 알지?"

근데 지혜는 콧방귀를 뀌며 말했어요.

"웃겨, 잘못한 거 얘기하는 게 나빠? 오빤 엄마한테 더 혼나야 해!"

기가 막혔어요. 엄마 아빠가 매일 칭찬만 하니까 정말 자기가 잘난 줄 아나 봐요!

왕 꿀밤을 날리려고 주먹을 들었어요.

"엄마, 오빠가 나 때려!"

윽! 결국 지혜 대신 나만 맞았어요. 어느새 바람처럼 날아온 엄마한테요.

근데 삼촌은 뭐가 재밌는지 킬킬 웃으며 물었어요.

"또 혼났냐?"

나는 대답 대신 혼자 중얼거렸어요.

"저 삐리리, 갖다 버리고 싶어!"

"대체 삐리리가 뭐냐?"

"응, 잘난 척 고자질 대왕 있어! 갖다 버렸으면 좋겠어!"

엄마 아빠 앞에서는 천사 같은 얼굴로 방긋거리며 웃지만 내 앞에서는 순식간에 마녀로 변하는 '나지혜' 진짜 어디론가 뿅 하고 영원히 사라져 버린다면 얼마나 좋을까요?

삼촌은 싱긋 웃으며, 책 한 권을 쑥 내밀었어요.

"내가 너 같은 녀석, 한 명 더 알고 있다. 이거 읽어 봐!"

나는 궁금했어요.

'뭐야, 나처럼 동생을 갖다 버리고 싶은 애가 또 있다고?'

연규가 쓰는 독서록★

날짜 3월 2일 | 책이름 내 동생 싸게 팔아요

글쓴이 임정자 | 그린이 김영수 | 출판사 아이세움 | 쪽수 32쪽

제목 뭐, 너도 그런 거야?

나만 동생을 미워하는 줄 알았는데 짱짱이도 동생이
엄청 미웠나 보다. 매일 엄마한테 이르기나 하는
욕심꾸러기 동생을 누가 좋아해! 나 같으면 인형, 꽃다발,
빵도 안 바라고 그냥 데려가라고 할 텐데.
짱짱이도 욕심쟁이다.

그런데 순이가 데려간다고 했을 때 짱짱이가 안 된다고
말하는 것이 웃겼다. 그래도 동생이랑 같이 노는 것이 훨씬 재미있다는 건 나도
인정한다. 또 짱짱이는 동생이 심부름도 잘 하고, 노래도 잘 부른다고 자랑하던데.
그게 뭐 대단해? 우리 지혜는 피아노도 잘 치고, 노래도 잘 하고, 공부도 만날
1등만 하는데 나한테 가끔 대들어서 그게 문제지.
아, 머리 아프다. 지혜도 팔지 말아야 할까?

주인공과 가족 비교하기 대부분의 가족 이야기는 우리들의 일상을 담고 있어요. 그래서 주인공이나 등장인물이 우리 가족과 비슷한 모습을 하고 있는 경우가 많아요. 그건 성격 이 될 수도 있고, 사건 이나 외모 도 될 수 있어요. 등장인물과 가족을 비교하며 비슷한 점이나 다른 점을 찾아보고, 우리 가족이 주인공이 되어 생각해 봅니다.

이런 생각! 저런 생각!★

① 동생이 있어서 좋은 점 또는 싫은 점이 있나요?
② 연규처럼 짱짱이와 같은 경험을 한 적이 있나요?
③ 형제가 없는 친구들은 연규나 짱짱이가 부러운 점이 있나요?
④ 연규는 아직 고민 중이지만 내가 짱짱이라면 동생을 순이에게 주거나 꽃, 빵, 인형과 바꾸었을까요?

같은 주제 다른 책★

『심술쟁이 내 동생 싸게 팔아요』, 다니엘르 시마르, 어린이작가정신
『난 형이니까』, 후쿠다 이와오, 아이세움

날짜 8월 22일 | 책이름 위풍당당 심예분 여사
글쓴이 강정연 | 그린이 노석미 | 출판사 시공주니어 | 쪽수 162쪽

제목 얼굴이 심하게 예뻐서 이름까지 '심예분'!

'얼굴이 심하게 예뻐서' 이름이 심예분이라는 미강이네 외할머니는 회사를 그만두시고, 고시공부를 하는 아빠의 든든한 응원자시다. 또 아빠를 대신해 돈을 벌어야 하는 엄마에게 30년 넘게 하시던 흑돼지 삼겹살 가게를 물려주셨다. 그리고 미강이네 학교 일일 선생님까지 정말 대단하시다. 또 봉사활동, 결혼, 유럽 여행 사진전까지 아무리 봐도 할머니가 아니신 것 같다. 그래서 심예분 할머니가 아니라 심예분 여사라고 하나?

심예분 여사를 보며 나도 우리 외할머니를 생각했다.
항상 나를 '우리 강아지'라 부르시는 할머니는 심예분 여사 보다 훨씬 더 멋지시다.
할머니신데도 짧은 커트머리를 하시고, 60세가 넘으신 나이에도 대학에서 사회 복지를 공부하셨다.
또 주마다 어려운 사람들을 위해 국수 봉사도 하신다.
책을 읽으며 심예분 여사처럼 되고 싶다고 생각했었는데 지금 생각해 보니 우리 외할머니께 본받을 것이 훨씬 더 많은 것 같다.

주인공에게 편지 쓰기

오늘은 학교 가기 싫은 날이에요.

짝꿍 소영이랑 선생님 때문이에요. 소영이는 입만 열었다하면 자기 자랑만 하고, 도무지 내 말은 귀담아 들으려하지 않는 아이예요.

어제 미술시간은 어떻고요. 철사로 뼈대를 만든 뒤 찰흙을 붙여야 한다고 내가 열 번은 말한 것 같은데 글쎄 코웃음만 치지 뭐예요?

화가 나서 소영이 팔을 툭 쳐버렸어요. 둘이 같이 만들어야 하는데 자기 맘대로만 하고 있잖아요. 아니나 다를까, 소영이가 아파 죽겠다며 '빽' 소리를 질렀어요. 결국 나만 선생님께 된통 혼이 난 뒤 복도로 쫓겨났지요.

참 이상해요. 왜 우리 선생님은 나만 보면 야단을 치고 벌을 줄까요? 내 말은 들어보지도 않고서요. 하긴, 우리 선생님은 매일 이렇게 말씀하세요.

"착한 어린이가 되도록 노력 좀 해 봐! 그렇게 매일 나쁜 일만 해서 되겠어?"

솔직히 잘 모르겠어요. 내가 착한 어린이인지 나쁜 어린이인지. 곰곰이 생각해 보면, 가끔은 엄마 설거지도 돕고, 길거리에서 불쌍한 아저씨에게 오백 원을 드린 적도 있는데…….

털레털레 걸어 학교에 도착했어요. 소영이는 나를 보자마자 나 때문에 미술 점수가 형편없이 나왔다고 눈을 째렸어요.

웃겨요! 자기만 점수 나쁘게 나왔나요? 근데 소영이가 이번에는 귀엣말로 소곤거렸어요.

"너랑 짝꿍이라는 사실이 정말 비극이야!"

순간 나는 벌떡 일어나 소리쳤어요.

"나도 너 싫거든!"

친구들이 웅성거리는 틈을 타 선생님이 저벅저벅 다가왔어요.

"나연규, 뒤로 나가!"

너무해요, 내가 뭘 잘못했다고요! 화는 났지만 보란 듯 성큼성큼 걸어 교실 뒤 게시판 앞으로 갔어요.

어, 평소에는 보이지도 않던 학급문고 책이 눈에 띄었어요.

'나쁜 어린이 표' 뭐야, 저런 책도 다 있었나?

연규가 쓰는 독서록

날짜 3월 9일 | 책이름 나쁜 어린이 표

글쓴이 황선미 | 그린이 권사우 | 출판사 웅진주니어 | 쪽수 94쪽

제목 나는 착한 어린이표 100장!

건우에게

반갑다. 건우야, 우리 친구할래? 나랑 비슷한 데가 많아서
깜짝 놀랐어. 오늘 짝꿍 소영이 때문에 나도 선생님께
혼나고, 벌서서 짜증이 많이 났었거든.
그런데 너도 은지 때문에 선생님께 나쁜 어린이 표 받는 거
보니까 무지 밉겠더라. 또 수첩에 쓴 거 들켰을 때, 내 심장이 다 벌렁벌렁
거렸어. 이러다 또 나쁜 어린이 표 받으면 어쩌나 하고 말이야.
아무래도 선생님들은 우리 마음을 너무 모르시는 것 같아. 우리 엄마랑 아빠는
나한테 착한 아들이라며 종종 칭찬을 해 주시기도 하는데 말이지.
하지만 나중엔 너희 선생님 정말 멋지셨어. 우리 선생님도 그러실까?
나는 용감한 네가 마음에 들어. 건우야, 다음에 또 보자. 잘 지내.

너랑 닮은 연규가

주인공에게 편지 쓰기

친구나 부모님에게 편지를 쓸 때처럼 내가 하고 싶은 이야기를 말이 아닌 편지로 쓰면 되는 거예요. 편지는 자기소개와 함께 책을 읽으면서 **궁금했던 점**을 물어보기도 하고, **닮은 점** 또는 **다른 점**을 찾아 서로 비교하며 쓰는 것도 좋아요. 주인공에게 편지를 쓸 수도 있지만 책을 쓴 글쓴이나 이야기와 관련이 있는 사람들에게도 편지를 써 보세요.

이런 생각! 저런 생각!★

❶ 건우가 나쁜 어린이 표를 받았을 때 어떤 기분이 들었을까요?
❷ 착한 어린이, 나쁜 어린이의 기준은 무엇일까요?
❸ 우리 선생님이 나쁜 어린이 표를 주신다면 좋을까요?
❹ 어른들이 만든 '착한 어린이, 나쁜 어린이'라는 구분이 마음에 드나요? 이유도 함께 생각해 보세요.

같은 주제 다른 책★

『일기 감추는 날』, 황선미, 웅진주니어

연규의 친구들이 보여주는 독서록★

날짜 7월 3일 | 책이름 일기 감추는 날

글쓴이 황선미 | 그린이 소윤경 | 출판사 웅진주니어 | 쪽수 108쪽

제목 동민이에게

안녕! 동민아. 나는 3학년 선하라고 해.
일기 감추는 날에서 널 보고, 때때로 나와 생각이 비슷한 것 같아서 편지를 쓰게 됐어.
넌 왜 일기를 쓰기 싫어 하니? 난 때때로 귀찮아서 빼먹고 싶어져.
하지만 내지 않으면 선생님께 혼이 나니까 억지로라도 꼭 쓰려고 해.
근데 우리는 선생님께 왜 일기장을 내야 할까?
또 선생님들은 우리의 생각과 느낌을 왜 다 보실까?
니가 말한 것처럼 나도 정말 궁금하다. 아마도 우리들에게 좋은 습관을 들이기 위해서겠지만 그래도 가끔은 싫어.
일기가 아주 재미있는 일은 아니지만 어차피 써야 하는 거니까 우리 재미있게 쓰려고 노력하자. 다음에 만날 때 우리 일기 쓰기 왕이 되어 만나자.
잘 지내고, 일기 잘 써. 안녕~

친구 선하가

|오늘은 어떻게 쓸까?|

03

마인드맵 그리기

내 짝꿍 소영이가 여우 깍쟁이, 잘난 척 여왕이라는 말은 사실이에요. 하지만 오늘은 그렇지 않아요. 왜냐하면 자기 열 번째 생일파티에 날 초대했거든요.

히히, 나랑 짝꿍이 되어서 비극이라는 말은 거짓말인가 봐요. 아무튼 아빠 말대로 여자의 마음은 갈대라니까요!

소영이네 집은 마당이 넓은 한옥 집이었어요.

우리들은 케이크에 불도 붙이고, 소영이 할머니가 만들어주신 김치 부침개도 맛있게 먹었어요. 그리고 숨바꼭질을 했지요. 집이 넓어 숨을 곳이 많았거든요.

처음 술래는 소영이였어요. 소영이는 눈을 감고 천천히 '무궁화 꽃이 피었습니다'를 서른 번 외쳤어요.

"꼭꼭 숨어라, 머리카락 보일라!"

아, 근데 소영이는 귀여운 강아지와 함께 우리 모두를 귀신같이 찾아냈어요.

현수는 안방 장롱에서 찾았고, 희재는 어두운 광에서 찾았어요. 또 지영이와 예슬이도 찾았지요. 휴, 그리고 마지막으로 나를 팔랑거리는 이불이 널려있는 마당 야채밭에서 찾았어요.

나는 집에서 노는 것이 이렇게 재밌는지 몰랐어요. 우리 집은 아파트라 숨을 곳도 별로 없고, 뛰어놀 마당도 없거든요.

집에 오자마자 나는 지혜에게 자랑했어요. 오늘 소영이네서 있었던 일 모두를요.

그러자 지혜가 깜짝 놀라며 물었어요.

“정말 소영이 언니네 집이 그렇게 멋져?”

“응, 완전 멋져!”

지혜는 후다닥 방으로 뛰어갔어요. 그러고는 책 한 권을 쑥 내밀었어요.

“만희네 집 보다 더?”

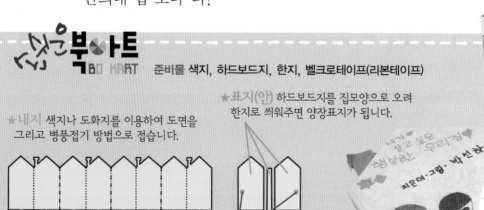

북아트 BOOKART 준비물 색지, 하드보드지, 한지, 벨크로테이프(리본테이프)

★표지(안) 하드보드지를 집모양으로 오려 한지로 씌워주면 양장표지가 됩니다.

★내지 색지나 도화지를 이용하여 도면을 그리고 병풍접기 방법으로 접습니다.

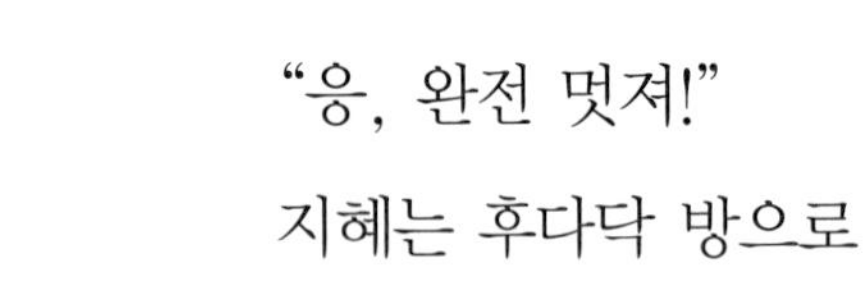

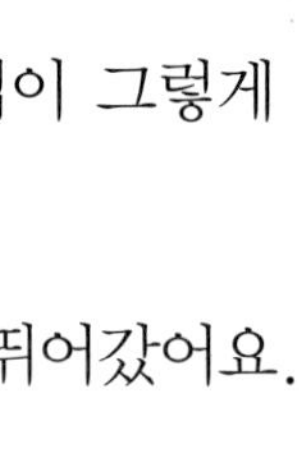

★★바닥이 될 부분은 내지에 맞추어 붙여 주세요.

★표지(겉) 벨크로테이프(까슬이와 보슬이)를 붙이거나 리본테이프를 붙여 집 모양을 잡아줄 때 사용합니다.

연규가 쓰는 독서록★

날짜 3월 16일 | 책이름 만희네 집

글쓴이 권윤덕 | 출판사 길벗어린이 | 쪽수 80쪽

제목 내가 살고 싶은 집

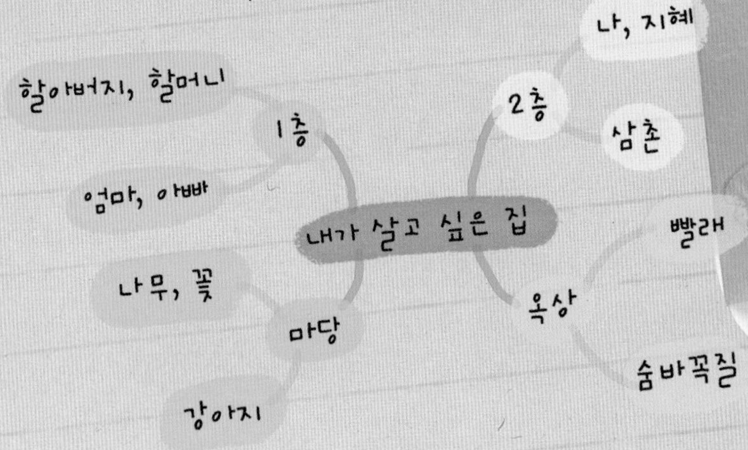

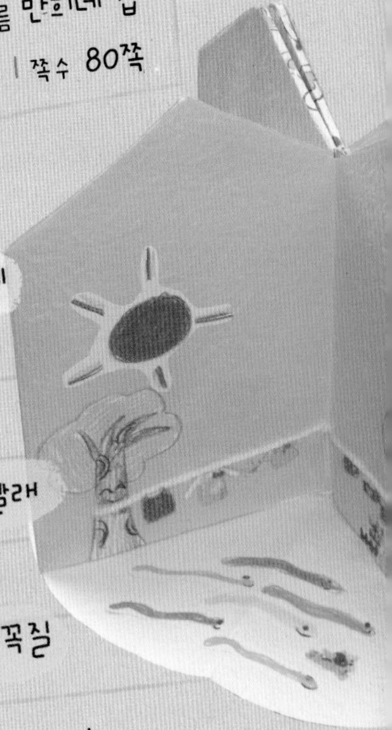

나도 이런 집에서 살고 싶다. 만희네 집처럼 마당이 있는 2층집이다. 나무도 많이 심고, 꽃도 많이 심어야겠다. 강아지도 한 마리 키워야지. 할머니, 할아버지는 다리가 아프시니까 1층에 계시라고 하고 나랑 지혜가 2층을 쓰면 될 것 같다. 옥상에 빨래를 널고 이불 사이로 숨는 게 최고로 좋다. 빨리 이사 갔으면 좋겠다.

마인드맵 그리기

생각의 지도란 뜻으로 자신의 생각을 지도로 이미지화하는 일을 말해요. 책을 읽으며 생각한 **핵심 주제**에서 가지를 뻗어 **주제**, **부주제**, **세부 내용** 순으로 점점 자세하고 세밀한 내용을 연결하여 그리면 됩니다.

이런 생각! 저런 생각!★

❶ 만희네 집 곳곳에는 처음 보는 물건들이 많습니다. 어떤 것을 찾았나요?

❷ 우리 집과 만희네 집의 같은 점과 다른 점은 무엇일까요?

❸ 이런 집에 살면 좋을까요? 어떤 점이 좋을까요?

❹ 이런 집에 살면 불편할까요? 어떤 점이 불편할까요?

❺ 만희네 집과 비슷한 집을 본 적이 있나요? 어디였나요?

같은 주제 다른 책★

『우리집이 더 비싸거든』, 강효미, 파란정원

연규의 친구들이 보여주는 독서록★

날짜 7월 25일 | 책이름 우리집이 더 비싸거든
글쓴이 강효미 | 그린이 마정원 | 출판사 파란정원 | 쪽수 96쪽

제목 단독 주택과 아파트의 장점 찾기

|오늘은 어떻게 쓸까?| 04

행동 관찰하여 쓰기

엄마가 텔레비전을 켰어요. 엄마가 좋아하는 드라마가 나오는 시간이거든요.

오늘도 드라마 속 주인공 아줌마는 딸과 투덕거리고 있었어요. 아줌마는 잘 지내려고 노력하는데 딸은 청개구리처럼 말을 듣지 않았지요.

"쯧, 재는 왜 매일 저러냐?"

할머니가 먼저 인상을 찌푸리며 말했어요.

"아휴, 새엄마잖아요!"

지혜가 답답하다는 듯 대답했어요.

"저 아인 너무 버릇이 없어. 어른이 저렇게 노력하면 자기도 마음을 열어야지."

이번에는 엄마가 말했어요.

"그래, 새엄마가 나쁘다는 편견은 이제 버려야 해."

어, 이제는 아빠까지?

음, 나도 뭔가 말하고 싶었어요. 근데 새엄마 행동도 이해가 되고, 아이 입장도 이해가 되지 뭐예요?

"난 저 애 불쌍해, 왜냐하면 엄마 아빠가 이혼했잖아!"

지혜가 다시 톡 껴들었어요.

"부모가 이혼한 건 안된 일이다만, 새엄마도 엄마니까 저도 노력해야지."

할아버지도 한 말씀하셨어요. 그러고는 나를 쳐다보셨어요. '너도 한 마디 해야지.' 하는 눈빛으로요.

"음, 제 생각은……."

결국 머리만 긁다 말았어요. 솔직히 다 맞는 말 아닌가요?

어느새 삼촌이 책 한 권을 가져와 내밀었어요.

"네가 생각해도 어렵지? 이 책 한 번 읽어봐. 답이 있는 건 아니지만, 좀 더 깊게 생각할 수 있을테니까."

아이쿠! 또 책이라고? 나도 모르게 인상을 팍 썼어요. 공부하기도 싫어 죽겠는데 책을 또 읽으라니요!

연규가 쓰는 독서록

날짜 3월 23일 | 책이름 밤티 마을 영미네 집

글쓴이 이금이 | 그린이 양상용 | 출판사 푸른책들 | 쪽수 120쪽

제목 팥쥐 엄마, 만세!

팥쥐 엄마는 생긴 건 우리 엄마보다 안 예쁘지만 성격은
훨씬 더 좋은 것 같다. 심통이나 내는 영미가 뭐가
예쁘다고 그렇게 챙겨주는지 모르겠다.
머리 좀 잘못 묶었다고 짜증내며 엄마한테 '팥쥐 엄마'
라고 부르다니! 아무리 새엄마라지만 그렇게 부르는 건 나쁜
일이다. 내가 팥쥐 엄마였다면 회초리로 때려줬을 것 같다.
팥쥐 엄마가 아이들 둘을 붙잡아 공중에서 쿵하고 박치기하는 장면은 천하장사를
보는 것 같아서 통쾌했다. 우리 엄마도 그렇게 힘이 셀지 궁금하다.
나랑 똑같은 나이지만 어른스럽게 동생을 잘 챙겨주고,
팥쥐 엄마한테도 잘 하는 큰돌이도 좋다. 팥쥐 엄마가 아기를 낳고
더욱 더 행복해졌으면 좋겠다.

주인공 행동 관찰하기

책을 읽으면 주인공들이 무슨 일을 했는지 쉽게 알 수 있어요. 그 행동이 잘한 것 인지, 잘못한 것 인지를 생각해 보세요. 그리고 거기에 대한 내 생각 과 이유 를 덧붙여서 쓰면 됩니다.

이런 생각! 저런 생각!★

1. 영미가 팥쥐 엄마에게 하는 행동을 어떻게 생각하나요?
2. 팥쥐 엄마가 나중에 친엄마를 위해서 집을 나간 것은 아이들을 위한 것일까요?
3. 팥쥐 엄마가 아기를 낳으면 가족들은 어떻게 살 것 같나요?
4. 팥쥐 엄마 말고 다른 이름을 붙여준다면?

같은 주제 다른 책★

『밤티 마을 큰돌이네 집』, 이금이, 푸른책들
『나의 비밀 일기장』, 문선이, 푸른숲주니어

연규의 친구들이 보여주는 독서록

날짜 10월 3일 | 책이름 사라, 버스를 타다

글쓴이 윌리엄 밀러 | 그린이 존 워드 | 출판사 사계절 | 쪽수 30쪽

제목 사라야, 넌 정말 용감했어

사람은 누구나 똑같다. 흑인이든 황인이든 백인이든 피부색만 다를 뿐 똑같은 몸을 가지고 있고, 모두가 소중한 존재들이다.

흑인 소녀인 사라는 버스에서 백인은 앞, 흑인은 뒤에 앉아야 하는 것이 이상했다. 분명 똑같은 사람인데 왜 앞과 뒤로 나누어져야 하는지.

어느 날 사라는 뒤에서 일어나 앞으로 나갔다.

그리고 앞자리에 앉았다.

사라의 이런 용기있는 행동이 법을 바꾸게 해 주었다. 사라가 시작했고 다른 사람들도 용기를 내어 따라 행동했다.

만약 사라가 앞자리에 앉는 것을 궁금해 하지 않았다면 법은 바뀌지 않았을 것이다. 지금도 앞은 백인, 뒤는 흑인이 탔을지도 모르겠다.

잘못된 법은 빨리 고쳐지는 것이 좋다. 그 시작이 처음에는 어려울지 모르지만 잘못된 법은 꼭 고쳐져야 한다고 생각한다. 나에게도 이런 용기가 마음 속에 숨어 있을까?

05

시·공간적 배경 바꿔 쓰기

게임을 신나게 하고 있는데 현관문이 조심스레 열리는 소리가 들렸어요.

휴, 벌써 밤 12시가 넘었나 봐요. 엄마 아빠는 배달 전문 치킨집을 하시는데, 밤늦게까지 배달이 많아 늦게 들어오시거든요.

"어머, 아들 안자고 엄마 기다렸어?"

엄마는 엉망진창이 된 파마머리에 얼굴에는 까맣게 기미가 생겨 꼭 시골아줌마 같았어요.

"엄마, 머리 좀 어떻게 좀 해 봐!"

대답 대신 빽 소리를 질렀어요. 내 짝꿍 소영이 엄마는 화장도 예쁘게 하고 옷도 세련되게 입는데, 우리 엄마는 달라도 한참 달랐어요.

다음 날 엄마가 갑자기 가게 일을 도와달라지 뭐예요?

아빠는 쉴 새 없이 닭을 튀겼어요. 삼촌과 나는 바쁘게 포장을 하며 전화도 받았지요. 또 엄마는 헬멧을 벗을 틈도 없이 배달

chicken
Chicken

을 다녔어요.

집에 오자마자 할머니에게 짜증을 부렸어요. 치킨집을 하는 우리 집이 싫다고요. 근데 할아버지가 화를 내지 뭐예요?

“이 녀석아, 엄마 안쓰럽지도 않아. 한 마리라도 더 배달하려고 오토바이 타고 다니는 걸 보면?”

어쩐 일로 할머니도 한 마디 거들었어요. 툭하면 엄마랑 다투면서 말이지요.

“요놈, 다시 한 번 그런 말하면 할미한테도 혼난다! 너희 엄마가 보통 엄만 줄 알아? 너희 아빠 교통사고 난 뒤에 치료비 마련한다고 우유배달에 공사판 일까지…….”

“너희 엄만 우리 집을 살린 여장부야.”

“암요, 그렇고말고요!”

그때 문이 열리며 엄마가 들어왔어요.

“아이고, 우리 집 기둥 이제 들어오는구나!”

음, 우리 엄마가 여장부? 갑자기 어제 학교에서 읽은 책 한 권이 생각났어요.

그럼 우리 엄마도 ‘조선의 여걸 박씨부인’과 비슷한가?

연규가 쓰는 독서록★

날짜 3월 30일 | 책이름 조선의 여걸 박씨부인

글쓴이 정출헌 | 그린이 조혜란 | 출판사 한겨레아이들 | 쪽수 110쪽

제목 우리 집 여걸, 조금자 씨!

조선시대 병자호란이 일어났을 때는 박씨부인이 신기한 도술을 써서 나라를 구했다는데 할머니, 할아버지 말씀에 따르면 우리 엄마인 조금자 씨는 우리 집 여걸이다.

만약 우리 엄마가 박씨부인이라면 이런 일이 벌어졌을 것 같다.

"치킨들이 너무 덤벼서 감당할 수가 없구려."

아빠가 정신없이 몰려드는 치킨 주문 때문에 땀을 뻘뻘 흘리고 있다.

"알았어요. 제가 주문을 외울 테니 당신은 끓는 기름 속에 얼른 집어넣기만 하세요."

우리 엄마 조금자 씨는 부채를 쫙 펴서 주문을 외웁니다.

"수리수리 마수리. 치킨들아, 얼른 튀겨져라. 얍!"

어느새 치킨들은 상자 속에 차곡차곡 담겨 오토바이에 올라앉았습니다.

조금자 씨는 부릉부릉 오토바이를 몰고 이집 저집으로 달려갑니다.

시·공간적 배경 바꾸기

박씨 부인이 조선시대 사람이니까 현대로 바꾸어 쓸 수도 있어요. 연규처럼 엄마를 조선시대 사람이라고 생각하면서 이야기를 꾸며 봐도 좋아요. 주인공이 현재로 오거나, 내가 그 시대로 가는 것도 재미있는 이야기로 만들 수 있답니다.

이런 생각! 저런 생각!★

❶ 병자호란에 대해 자료를 찾아보고 실제 전쟁 결과와 책에서의 결말이 어떻게 다른지를 조사해 보세요.

❷ 왜 지은이는 결말을 다르게 썼을까요?

❸ 박씨부인이 끝까지 아름답게 변하지 않았다고 해도 주위 사람들이 박씨부인을 좋아했을까요?

같은 주제 다른 책★

『정상에 오른 뛰어난 운동선수』, 질 브라이언트, 꼬마이실
『자신을 희생하여 병마와 싸운 의사』, 섀론 커쉬 외, 꼬마이실
『조선의 영웅 김덕령』, 신동흔, 한겨레아이들

연규의 친구들이 보여주는 독서록★

날짜 10월 13일 | 책이름 나라를 버린 아이들
글쓴이 김지연 | 그린이 강전희 | 출판사 진선출판사 | 쪽수 96쪽

제목 우리나라가 북한이라면

우리나라는 6·25 전쟁으로 남과 북으로 갈라졌다.
남쪽인 우리는 평화롭고 풍요롭게 살고 있지만 아직도 북한에서는 배고픔 때문에 아이들이 목숨을 걸고 중국으로 넘어 간다고 한다. 중국으로 간다고 해도 먹을 것이 넉넉하지 않다. 구걸을 하여 하루 한 끼로 배를 채우고, 언제 잡혀갈지 몰라 꼭꼭 숨어 지낸다.
만약 북한과 우리나라의 상황이 바뀌었다면 어떨까? 생각만 해도 끔찍하다.

배고픔 때문에 엄마 아빠, 동생과 헤어지고, 말도 통하지 않는 중국에서 구걸을 하며 경찰을 피해 다녀야 한다니. 아마도 난 가족들이 그리워 울고, 배가 고파 또 울고 종일 울며 지낼 것 같다. 배고픈 것이 가족과 헤어지는 것 보다는 훨씬 나을 것 같다. 서로 의지하며 살 수 있으니까.
이런 생각을 하니 우리나라가 최고다. 꿈에도 이런 일이 벌어지지 않았으면 좋겠다. 북한도 빨리 우리나라처럼 좋아졌으면 좋겠다.

마음에 드는 동시 쓰기

“오늘은 자유다. 너희 그리고 싶은 거 아무거나 그려라.”

얼굴은 고구마처럼 못생겼지만 난 유머감각이 있는 미술 선생님이 좋아요. 하지만 가장 좋은 이유는 미술 선생님의 민주적인 수업 때문이에요. 이 말은, 오줌이 마렵거나 똥이 마려우면 아무 때나 화장실을 갈 수 있다는 이야기지요.

근데 오늘 선생님 모습이 이상해요. 눈은 우리들을 보고 있는데 왠지 멍해 보이고 웬일로 휴대폰을 손에 꼭 쥐고 있어요. 또 의자에 가만히 앉아 있다가 벌떡 일어나 우리들 주위를 뱅뱅 돌아요. 안 그래도 꼬돌이 때문에 정신이 쏙 빠질 지경인데 말이지요.

꼬돌이는 얼마 전 할아버지를 졸라서 산 햄스터예요. 가족들 모두 꼬돌이를 예뻐하지요. 할머니만 빼고요! 글쎄, 오늘 아침에 꼬돌이가 아빠 양복바지를 몽땅 갉아놓았지 뭐예요. 꼬돌이 집이 바로 옷을 걸어놓는 옷걸이 밑이거든요.

할머니는 무섭게 인상을 쓰며 소리쳤어요.

"이 놈의 쥐새끼, 당장 갖다 버려!"

갑자기 할머니 목소리가 머릿속에 울려 퍼졌어요. 열 번, 아니 백 번도 넘게요.

엉덩이를 들썩거리다가 결국 손을 번쩍 들고서는 화장실을 간다며 나왔어요.

난 복도 끝 화장실 앞에서 소곤거리며 할머니에게 전화를 걸었어요. 만약 꼬돌이 버리면 나도 같이 집을 나가버리겠다고요.

근데 조금 있으려니 화장실 쪽으로 미술 선생님이 걸어왔어요. 그러고는 나처럼 소곤거리며 전화를 하시는 거예요.

"예주씨, 내 맘 몰라? 아휴, 지금 나도 가고 싶다니깐. 끝나려면 3시간만 있으면 돼. 조금만 기다려. 끝나는 대로 내가 쌩 달려갈게!"

'뭐야, 선생님도 빨리 끝나길 바라시는구나!'

흐흐, 조금 웃겼어요. 그리고 어제 국어시간에 선생님이 읽어주신 '엉덩이가 들썩들썩'이란 시가 떠올랐어요. 정말 이 순간에 딱 어울리는 시잖아요? 선생님도 들썩들썩, 나도 들썩들썩!

연규가 쓰는 독서록

날짜 4월 6일 | 책이름 엉덩이가 들썩들썩

글쓴이 신형건 | 그린이 한지선 | 출판사 푸른책들 | 쪽수 106쪽

제목 너도 들썩, 나도 들썩

무슨 시가 이렇게 길어? 끝까지 읽는 것도 힘들다. 그런데 정말 나랑 비슷해서 웃음이 나왔다. 나는 할머니가 꼬돌이를 갖다 버릴까봐 걱정 돼서 엉덩이가 들썩거리고, 우리 미술 선생님은 애인이 보고 싶어서 엉덩이가 들썩거렸는데. 여기에서는 지구까지 들썩거린다니 너무 재미있다.

금요일 미술 시간에
내 엉덩이가 들썩들썩
그림은 잘 그려지지 않고
꼬돌이 얼굴이 자꾸 떠올라
엉덩이가 들썩들썩

교실 앞 복도에서
선생님도 애인이 보고 싶어
엉덩이가 들썩들썩
아휴, 끝나는 벨이 울리려면 아직 멀었고
선생님과 내 마음은
벌써 꼬돌이와 애인에게로 갔다.

마음에 드는 동시 쓰기

시집은 시가 웅크리고 있는 따뜻한 집이에요. 차근차근 리듬감 있게 소리 내어 읽어보고, 마음에 드는 시를 하나 고르세요. 그리고 정성껏 옮겨 쓰거나 그 시의 느낌을 생각하며 내용을 조금씩 바꾸어 표현 해 보는 것도 좋아요. 또 그 시를 읽으며 떠오른 다른 시를 적어보는 것도 좋은 방법입니다.

이런 생각! 저런 생각!★

① 시를 그림이라고 생각해 보세요. 그 광경을 상상하고 느낌을 떠올려 보세요.

② 『엉덩이가 들썩들썩』 처럼 생활을 그대로 옮겨 놓은 것 같은 시가 많은데, 시에서 나타난 상황과 비슷한 경험을 함께 적어 보세요.

같은 주제 다른 책★

『고양이와 통한 날』, 이안, 문학동네
『콧구멍만 바쁘다』, 이정록, 창작과비평사

연규의 친구들이 보여주는 독서록★★

날짜 8월 20일 | 책이름 콩, 너는 죽었다
글쓴이 김용택 | 그린이 박건웅 | 출판사 실천문학사 | 쪽수 132쪽

제목 우리 집 텃밭

우리 집 텃밭은 아주 작은 정원
오이 나무는 줄을 타고 올라가고
고추 나무는 막대기에 의지해 서 있다.

우리 집 텃밭은 작은 꽃밭
고추 나무에 노란 꽃이 피고
가지 나무에 보라 꽃이 피었다.

우리 집 텃밭은 작은 과수원
길쭉길쭉 초록 오이
빼족빼족 빨강 고추

텃밭이라는 시가 마음에 들어 우리 집에 있는 작은 텃밭을 생각하며 시를 써 보았다. 할머니가 가꾸시는 텃밭은 비가 온 뒤엔 정말 마술처럼 열매가 달리고 통통해진다. 우리 집 텃밭은 할머니의 정성으로 풍요로운 가을을 맞고 있다.

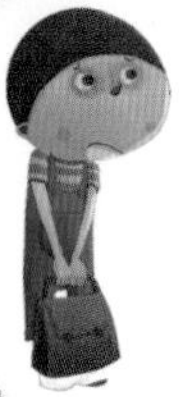

|오늘은 어떻게 쓸까?| 07

가장 기억에 남는 장면 그리기

하늘에서 부슬부슬 비가 내리고 있어요. 나는 과학실 청소를 하다 말고 창문 밖 하늘을 올려다보며 말했어요.

"빈대떡 먹고 싶다!"

그때였어요.

"선 - 생 - 님!"

누군가 선생님을 불렀어요. 소름끼치게 끼 - 익 갈라지는 목소리로요!

"누, 누가 선생님을 부른 거지?"

나와 친구들은 약속이라도 한 듯 소리가 난 미술실 앞으로 우르르 몰려갔어요. 하지만 컴컴한 미술실에는 쥐 한 마리도 보이지 않았어요.

우찬이가 떨리는 목소리로 말했어요.

"서, 선생님한테 말씀 드리자. 미술실에서 이상한 소리가 났다고!"

미술

우리를 보자 선생님은 더듬거리며 말했어요. 불안한 듯 주위를 두리번거리면서요.

"저, 정말? 실은 나도 아까 들었어!"

그때 다시 그 끔찍한 목소리가 들렸어요!

"선 - 생 - 님!"

이번에는 미술실이 아니라 미술실 밖 화단 닭장에서 들리는 거예요.

모두 닭장 앞에서 눈을 두리번거렸어요. 근데 갑자기 닭이 울었어요. '꼬끼오'가 아니라 '선 - 생 - 님' 하고요!

온 몸에 소름이 쫙 끼쳤어요. 닭이 말을 하다니 믿을 수 있겠어요?

결심한 듯, 3반 선생님이 닭장 앞으로 성큼 다가가 말했어요.

"너니? 네가 방금 '선생님' 하고 불렀어?"

우찬이는 내 귀에 소곤거렸어요.

"내가 어제 읽은 '신기한 시간표'란 책에서도 이상한 일이 마구 벌어졌는데 우리 학교에서도 그러네?"

나는 닭을 노려보며 말했어요.

"그 책, 당장 빌려줘!"

연규가 쓰는 독서록★

날짜 4월 13일 | 책이름 신기한 시간표
글쓴이 오카다 준 | 그린이 윤정주 | 출판사 보림 | 쪽수 136쪽

제목 신이치, 나는 너를 믿어

이 그림은 여섯째 시간인 '꿈꾸는 힘' 이야기다.

신이치가 할머니 말씀을 믿고 눈을 꼭 감은 채 꿈꾸는 힘을 되찾기 위해 과학실로 가는 장면이다. 눈을 뜨면 돌로 변해 버린다는 얘기가 어찌나 으스스하던지 나도 눈을 감아버렸다.

선생님도 아이들도 모두 신이치가 잠을 자면서 꿈을 꾼 것이라고 했지만 나는 믿는다.

신이치가 꿈꾸는 힘을 되찾아 온 게 분명하다고…….

기억에 남는 장면 그리기

책을 다 읽고 난 다음에는 가장 좋았거나, 무서웠거나, 재미있었던 장면이 생각날 거예요. 연규처럼 가장 생각나는 **장면** 을 그림으로 그리고 그 장면이 어떤 장면인지, 그 부분을 읽을 때 어떤 생각을 했는지 덧붙여서 써주면 되요. 장면을 찾기 어렵다면 가장 마음에 들었던 **대사** 를 찾고 느낀 점을 쓰면 됩니다.

이런 생각! 저런 생각!★

❶ 9개의 이야기 중 어느 시간이 제일 재미있었나요? 그 이유는 무엇인가요?

❷ 가보고 싶은 시간이 있다면 어느 시간인가요? 그 이유는 무엇인가요?

❸ 내가 신이치였다면 끝까지 눈을 감고 꿈꾸는 힘을 되찾을 수 있었을까요?

❹ 할머니가 말씀하신 게 맞는 걸까요, 신이치가 꿈을 꾼 걸까요?

같은 주제 다른 책★

『마법의 빨간 립스틱』, 공지희, 비룡소
『비를 피할 때는 미끄럼틀 아래서』, 오카다 준, 보림

연규의 친구들이 보여주는 독서록★

날짜 6월 10일 | 책이름 책먹는 여우

글쓴이 프란치스카 비어만 | 출판사 주니어김영사 | 쪽수 50쪽

제목 여우의 소금과 후추는 무엇일까?

여우는 이 세상에서 책을 가장 좋아한다. 하지만 돈이 없어서 마음껏 책을 읽고 먹을 수 없었다. 그래서 꾀를 낸 것이 도서관에 가는 것이다. 도서관에는 여우가 좋아하는 여러 종류의 책들이 가득 차 있다. 여우는 사서 눈을 피해 좋아하는 책을 읽고, 그 책에 소금과 후추를 뿌려 맛있게 먹었다. 난 사서에게 들킬까봐 가슴이 다 조마조마할 것 같은데 여우는 그렇지 않은가 보다. 결국 여우는 도서관 사서에서 들켜 경찰서에 잡혀가게 된다. 그리고 다시는 글씨가 적힌 것은 무엇도 읽을 수 없게 하는 벌을 받게 된다.
하지만 교도관의 도움으로 여우는 직접 글을 써 책을 내게 되고 자신의 책을 마음껏 먹을 수 있게 됐다. 여우는 이제 책을 쓰는 행복한 여우가 되었다.
내 생각에 여우가 책에 뿌리는 '소금은 생각'이고, '후추는 상상력'인 것 같다. 나도 소금과 후추를 많이 뿌려야겠다.

|오늘은 어떻게 쓸까?| 08

자작시 쓰기

내일은 해가 서쪽에서 뜰지도 몰라요. 글쎄, 구두쇠 삼촌이 피자를 사준다지 뭐예요. 그런데 삼촌이 날 데려간 곳은 피자집이 아닌 작은 빵집이었어요.

삼촌이 피자를 우물우물 씹으며 말했어요.

"맛있지? 내가 지나가다 우연히 사 먹었는데 맛있어서 너 데려온 거야."

나도 콜라를 쪽쪽 빨아먹으며 말했어요.

"응, 눈물 나게 고마워!"

그때 한 아이가 가게 문을 열고 들어왔어요.

현철이었어요. 친구들이 싫어하는 키 작고 못생긴 현철이요.

하지만 친구들이 현철이를 싫어하는 가장 큰 이유는 얼굴과 몸에 점이 많아서 그래요. 코 옆에 붙은 점은 백 원짜리 동전보다 더 커요. 솔직히 보고만 있어도 징그러워요. 현철이 몸에 덕지덕지 벌레가 기어가는 것처럼 보였어요.

조금 있으려니 주인아저씨가 들어와 말했어요.

"어서 옷 갈아입고 밥 먹어. 학원 늦지 않게!"

현철이는 머뭇거리더니 커튼 뒤로 쏙 들어갔어요.

삼촌이 물었어요.

"쟤, 알아?"

"응, 우리 반 애."

"근데 왜 모른 척 하냐?"

"아휴, 인사하려고 했는데 들어갔잖아!"

돌아오는 길에 삼촌이 말했어요.

"아까 그 애, 너희 반 애들이 싫어해?"

나는 현철이 얼굴을 떠올리며 말했어요.

"응, 공부도 못하고 말도 더듬거리거든. 그리고 아까 봤지? 얼굴이랑 몸에 점이 너무 많아서 애들이 징그럽대!"

갑자기 삼촌 얼굴이 굳어졌어요.

"이거 좀 심각한 걸! 집에 가자마자 네가 꼭 읽어봐야 할 책이 한 권 있어. 까마귀 소년이 어땠는지 너도 알아야겠다."

뭐야, 까마귀가 소년이야?

연규가 쓰는 독서록★

날짜 4월 20일 | 책이름 까마귀 소년

글쓴이 야시마 타로 | 그린이 야시마 타로 | 출판사 비룡소 | 쪽수 50쪽

제목 행복해진 까마동이

다들 싫어한 까마귀 소년에게
이소베 선생님이 다가왔네.
삐뚤빼뚤 글씨도 예쁘다 하고
식물 이름도 잘 알아 좋다하니
까마귀 소년은 까마동이가 되었다.
까악까악 까마귀 소리가 기쁘게 들리네.

현철이처럼 까마귀 소년도 아이들이 싫어했나 보다.
하지만 선생님께서 찾아주신 작은 장점이 까마귀 소년을 행복하게 만들었다.
나도 친구들에게 현철이의 장점을 찾아보자고 이야기 해야겠다.
그럼 현철이도 까마귀 소년처럼 행복해질 수 있을까?

자작시로 표현하기

독서록을 꼭 길게 쓸 필요는 없어요. 이렇게 동시 로 표현해 보는 것도 좋은 방법이랍니다. 느낀 점 만 쓰기보다는 중간에 줄거리 가 녹아 있으면 더 좋아요.

그리고 시에 어떤 것을 표현하고 싶었는지도 같이 써보세요. 동시를 잘 쓰려면 설명하려고 하지 말고 노래하듯 흥얼거려 보세요. '이소베 선생님이 다가왔습니다.' 보다 '이소베 선생님이 다가왔네' 가 훨씬 노래하는 것처럼 들리지 않나요.

이런 생각! 저런 생각!★

1. 까마동이가 된 소년은 행복할까요?
2. 마을 사람들이 학예회에서 함께 운 이유는 무엇이었나요?
3. 친구 중에 까마귀 소년처럼 따돌림을 당하는 친구가 있나요?
4. 따돌림을 당하는 친구의 기분은 어떨까요?

쉬운 북아트 BOOKART

준비물 색지, 링

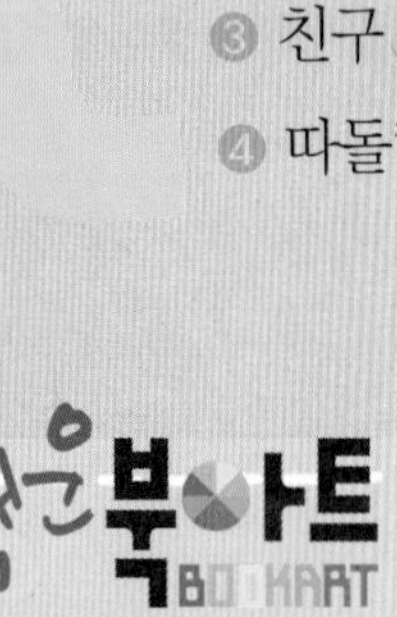

★**표지 & 내지** 색지를 나무(나뭇잎) 모양으로 5장을 오려 주세요. 펀치로 구멍을 뚫어 링으로 연결하는 기본적인 북아트입니다.

★**내지** 종이찢기, 종이접기 등으로 꾸며 주세요. 그리기를 어려워한다면 그림을 찾아 프린팅해서 채색하는 것도 좋습니다.

날짜 4월 10일 | 책이름 나무는 좋다 | 쪽수 32쪽
글쓴이 재니스 메이 우드리 | 그린이 마르크 시몽 | 출판사 시공주니어

제목 나무가 좋다

나무가 좋다. 왜?
그늘에서 그림을 그릴 수 있으니까

나무가 좋다. 왜?
더운 여름 시원하게 해 주니까

나무가 좋다. 왜?
작은 벌레들의 집이 되어 주니까

나무가 좋다. 왜?
우리가 숨 쉴 수 있는 산소를 만들어 주니까

나는 나무가 좋다.
아낌없이 모든 걸 내어 주니까

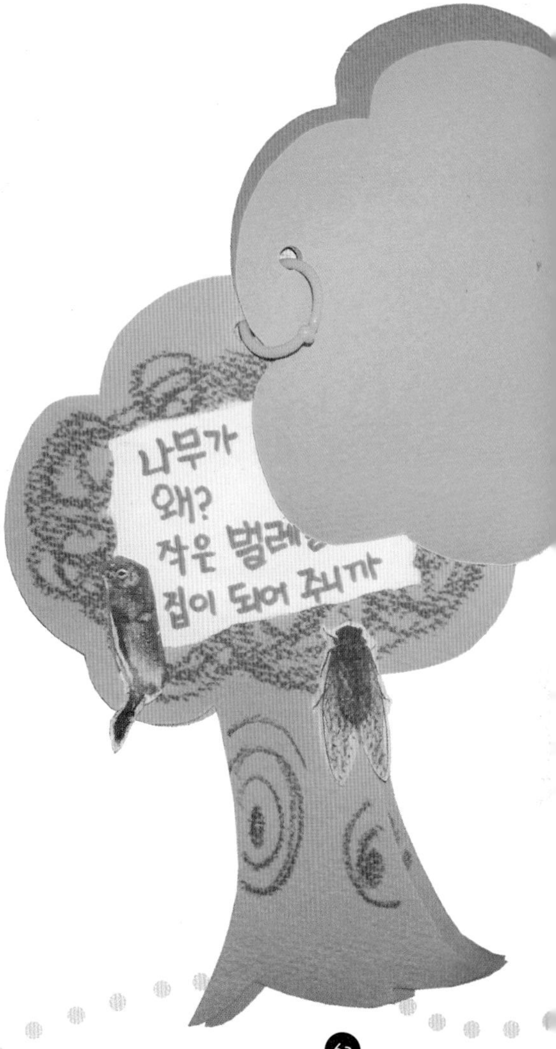

주인공 관찰하여 쓰기

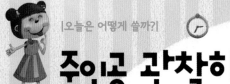

지혜 말이 우리 집은 콩나물시루 같대요. 코딱지만한 작은 집에 일곱 명이 살고 있거든요.

지혜는 할머니 할아버지 방에서 잠을 자요. 그런데 그게 싫은가 봐요.

“휴, 난 우리 집 너무 싫어! 내 친구 보람이네는 집도 부자고, 방도 얼마나 많은 줄 알아? 근데 우리 집은 이게 뭐야? 많은 건 가족들뿐이잖아!”

그럴 때, 우리 가족은 모두 슬픈 얼굴을 해요. 특히 할아버지랑 할머니가요.

“우리 귀한 손녀 방도 하나 못 주고, 이 늙은이들이 턱 차지하고 있으니 미안하다.”

그리고 삼촌도 슬픈 얼굴을 해요. 아주 가식적이긴 하지만요.

“미안하다. 내가 서울에 있는 대학만 다니지 않았으면 지혜 방도 있었을텐데. 기다려, 내가 취직하면 용돈 많이 줄게.”

파란일보
한식날 산소를 찾은 가족

근데 우리 가족에게 너무 멋진 일이 생겼어요.

어제가 한식날이라 온 가족이 성묘를 하러 갔어요. 산소 앞에 음식을 차려놓고 절을 올렸지요. 그리고 조금 있으려니 카메라를 멘 아저씨가 다가와 물었어요.

"모두 한 가족이세요?"

할아버지가 대답하셨어요.

"네, 그렇습니다만 무슨 일이십니까?"

아저씨는 갑자기 싱글벙글 웃으며 말했어요.

"와, 다행이네요. 전 신문기자입니다. 오늘 한식날 기념으로 기사를 쓰려는데 사진이 필요해서요. 죄송하지만 부탁 좀 드려도 되겠습니까?"

그때 우리 가족 표정이 어땠는지 아세요? 하나같이 자랑스러운 얼굴이었어요. 콩나물시루 같다고 매일 불평불만이었던 지혜가 특히 많이요!

집에 돌아와 지혜가 '내 이름은 나답게' 라는 책을 쑥 내밀며 말했어요.

"지혜는 지혜답게 사는 거지 뭐. 그치 오빠?"

연규가 쓰는 독서록★

날짜 4월 27일 | 책이름 내 이름은 나답게

글쓴이 김향이 | 그린이 김종도 | 출판사 사계절 | 쪽수 128쪽

제목 나잇값은 어려워

나답게가 좋은 점은 첫째, 다리가 불편한 아버지의
보디가드가 되어준 것이다. 아버지와 함께 산을 오르는
나답게가 마음에 들었다. 둘째, '그리움이 콜라맛 같다' 는
멋진 표현을 시인처럼 할 줄 안다는 것이다.
셋째, 나잇값을 하려고 다짐한 것인데 이건 솔직히 무슨 말인지 잘 모르겠다.
그런데 나답게가 마음에 안 드는 점도 있었다.
첫째, 콧물을 빨아먹은 일인데 너무 더러워서 인상을 찡그리게 되었다.
둘째, 미루 형의 바지를 찢은 일이다. 아무리 장난이라고 해도 다음날 입고 갈
바지를 찢은 건 정말 잘못이라고 생각한다.
셋째, 할머니 돈을 꺼내서 게임기를 산 일이다. 이게 제일 나쁜 짓인 것 같다.
아무래도 나답게는 좀더 철이 들어야 할 것 같다.

주인공 관찰하기

독서록을 쓰는 것이 어렵다면 주인공에 대해 생각해 보세요. 주인공이 갖고 있는 **좋은 점**과 **나쁜 점**을 각각 5가지씩 찾아보는 거죠. 이렇게 주인공에 대해 좋은 점, 나쁜 점을 꼼꼼하게 찾다보면 내용을 훨씬 더 쉽게 파악할 수 있답니다.

이런 생각! 저런 생각!★

1. 보퉁이가 죽었다는 이야기를 듣고 나답게가 운 이유는 무엇일까요?
2. 할머니의 빈 젖을 만지는 나답게에 대해 어떻게 생각하나요?
3. 이렇게 대가족이 산다면 좋을까요? 어떤 점이 좋을까요?
4. 나잇값을 한다는 건 무슨 뜻일까요?

같은 주제 다른 책★

『위풍당당 심예분 여사』, 강정연, 시공주니어
『나답게와 나고은』, 김향이, 사계절

연규의 친구들이 보여주는 독서록★

날짜 6월 18일 | 책이름 티라노주식회사

글쓴이 김한나 | 그린이 서인주 | 출판사 파란정원 | 쪽수 96쪽

제목 티라노, 이젠 알겠니?

처음에 니가 에우로파를 발전시키겠다고 했을 때 난 니가 정말 멋져 보였어.
넌 다른 공룡들이 생각하지 못한 미래를 위해 계획하고, 공룡들을 설득해 에우로파의 발전에 앞장 섰으니까. 그리고 계획에 맞추어 에우로파를 변화시켰어. 그래서 다른 공룡들도 편하게 살 수 있었고 말이야.
이때까지는 다른 공룡들도 모두 좋아했었지.
하지만 니가 잊은게 있어. 바로 환경을 생각하지 않은 개발이야.
티라노 니가 환경을 생각하고 에우로파를 발전시켰다면 지금도 다른 공룡들과 행복하게 살고 있을 텐데 말이지. 아마 에우로파도 얼음별이 되는 일은 없었겠지. 특히 마음에 안 들었던 건 힘이 세다고 다른 공룡들을 무시하고 니 멋대로만 하려고 했다는 거야. 그래도 나중에 니 잘못을 모두 인정하고 다른 공룡들에게 사과하는 모습만큼은 용기 있어 보여서 좋더라.
하늘 나라에서는 지금처럼 착한 티라노로 지냈으면 좋겠다.

사건 관찰하여 쓰기

벌써 한 시간도 넘게 헤매고 있는 것 같아요. 분명 이쪽 길로 오면 운동화 가게가 있었거든요.

'이상하다, 분명 이쪽으로 왔었는데…….'

조금 있으려니, 캄캄한 거리 위로 노란 전등이 하나 둘 켜지기 시작했어요.

난 공중전화 박스로 냉큼 들어가 떨리는 손으로 수화기를 들었어요.

"할머니? 나 연규. 아무래도 나 집 잃어버린 거 같아."

그런데 할머니는 대답도 없이 전화를 끊었어요. 나는 다시 전화를 걸었어요. 이번에는 할아버지가 받았어요.

"저 연균데요. 할아버지, 엄마 아빠한테 저 좀 빨리 데려가라고 해 주세요."

이번에도 같았어요. 할아버지는 헛기침만 몇 번 하시고는 전화를 끊어버렸어요.

1 2 3
4 5 6
7 8 9
* 0 #

뭐지, 왜 전화를 끊지? 이번에는 백 원짜리 동전 열 개를 전화박스에 넣었어요.

신호음이 세 번 울린 후 지혜가 받았어요.

“지혜야, 나야! 엄마 아빠더러 나 좀 데려가라고 해. 여긴 사람도 없고 이상해.”

그런데 지혜가 전화기에 대고 소리를 질렀어요.

“기억 안 나? 오빠가 마법에 걸린 설탕을 먹여서 엄마 아빠를 사라지게 만들었잖아.”

‘그 설탕을 먹고 엄마 아빠가 사라졌단 말이야!’

나도 모르게 고함을 질렀어요.

“엄마!, 아빠!”

“야, 그만 일어나!”

삼촌이 볼을 툭툭 쳤어요. 그러고는 내 손에 들려 있던 책을 보며 말했어요.

“웬일로 게으른 베짱이가 책을 다 읽어? 마법의 설탕이라…… 이건 무슨 맛이지?”

연규가 쓰는 독서록★

날짜 5월 4일 | 책이름 마법의 설탕 두 조각

글쓴이 미하엘 엔데 | 그린이 진드라 차페크 | 출판사 한길사 | 쪽수 92쪽

제목 난 절대로 안 쓸 거야

내가 단 걸 좋아하긴 하지만 앞으로 설탕은 먹기

싫어질 것 같다. 우리 부모님도 내 말을 잘 안

들어주시고, 해달라는 걸 잘 안 해주시긴 하지만

이런 설탕은 드리고 싶지 않다. 엄마 아빠가 없다면

지혜랑 삼촌이랑 할머니, 할아버지와 함께 살아야 하는데 그러면 너무 외로울

것 같다. 삼촌은 언젠가는 결혼을 할 테고 할머니 할아버지도 아주 아주 오랫동안

우리와 함께 살지 못하실 것 같기 때문이다.

렝켄은 도대체 생각이 없는 아이다. 진짜로 부모님이 점점 작아져서 없어지면

어떻게 하려고 그런 행동을 했는지 어처구니가 없다. 만약 그 요정이 시간을

되돌려주지 않았다면 렝켄은 고아가 되어 불행해졌을 것이다.

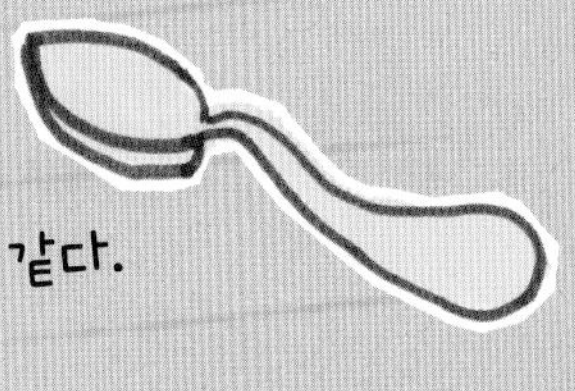

내 생각엔 요정이 렝켄의 버릇을 고쳐주려고 이런 일을 꾸민 것 같다.

사건 관찰하기

책 속에서는 항상 어떤 일이 일어나는데 그것을 **사건** 이라고 불러요. 이 사건을 자세히 들여다보면서 주인공이 사건을 일으킨 것이 **잘한 것** 인지, 반대로 **잘못한 것** 인지 판단하고 이유도 함께 써보세요.

이런 생각! 저런 생각!★

❶ 만약 렝켄이 부모님에게 드린 마법의 설탕이 있다면 사용하고 싶은가요?

❷ 내 부모님은 평소에 나와 의견이 다를 때 어떻게 하시나요? 무조건 하라고 명령을 내리시는 편인가요, 아니면 나와 대화로 풀어가시나요?

❸ 요정이 두 번째 기회를 주지 않았다면 렝켄과 부모님은 어떻게 되었을까요?

같은 주제 다른 책★

『트리혼의 세 가지 소원』, 플로렌스 패리 하이드, 논장

연규의 친구들이 보여주는 독서록★

날짜 6월 16일 | 책이름 배고픈 외투
글쓴이 데미 | 그린이 데미 | 출판사 비룡소 | 쪽수 32쪽

제목 멋진 외투보다는 깊은 마음을 보자!

나스레틴은 다른 사람들을 돕느라 더러워진 옷도 갈아입지 못하고 친구 집으로 갔다. 하지만 허름한 차림의 나스레틴을 반기는 사람이 아무도 없었다.
나스레틴은 집으로 돌아와 가장 멋진 외투를 차려 입고 다시 친구 집으로 갔다. 그러자 사람들은 나스레틴을 반기며, 맛난 음식을 대접했다.
나스레틴은 "먹어, 외투야!" 하고 외투 속으로 음식을 넣었다.
사람들이 놀라 왜 그러느냐고 묻자 나스레틴은 대답했다.
"처음에는 날 아는 척도 안 하다가 내가 새 외투로 갈아입고 오니 음식들을 내어 왔으니 잔치에 내가 아니라 이 외투가 초대된 것이 아닌가? 벗들이여, 사람의 깊은 곳을 보고 싶거든 외투가 아니라 마음을 보게."
나스레틴의 행동을 보면서 나도 혹시 이런 일을 하지 않았었는지 생각해 봤다. 역시나 나도 친구의 겉모습만 보고 무시하거나 특별하게 대한 적이 있다. 내가 무시했던 친구의 마음이 얼마나 아팠을까! 아무리 좋은 옷을 입었다 해도 옷 때문에 사람이 빛날 수는 없는 것 같다.
보이지 않는 마음이 더 중요하다.

|오늘은 어떻게 쓸까?| 11

삼행시 쓰기

할아버지는 참 이상해요. 양말에 큼지막한 구멍이 나서 엄지 발가락이 쑥 나와도 창피하지 않으시대요. 대신 돋보기를 쓰고는 바늘과 실을 꺼내 척척 꿰매지요.

하긴, 할아버지는 뭐든 절약하고 아끼세요. 조각난 비누조각도 함부로 버리지 않으시고, 밑창이 닳은 구두도 애지중지하시지요.

한 번은 할머니에게 물었어요.

“할머니, 왜 할아버지는 양말이나 옷을 버리지 못해?”

“늙은이가 궁상이지, 궁상!”

다음에는 엄마에게 물었어요.

“엄마, 왜 할아버지는 팬티를 걸레로 써?”

“그렇게 아끼면, 우리가 부자가 될 거라고 생각하시나 봐.”

마지막으로 아빠에게 물었어요.

“아빠, 왜 할아버지는 궁상이야? 팬티도 버리지 않고, 불도

껴 놓고, 또 다리도 아프시면서 버스도 타지 않고 걸어 다니고 말이지.”

아빠는 입을 꾹 다물었어요.

조금 있으려니 할아버지가 나오셔서 말씀하셨어요.

“애비야, 우리 목간 갈까?”

아빠는 할아버지의 비쩍 마른 야윈 등을 밀며 가만가만 말했어요.

“아버지, 이제 그만 아끼세요. 요즘은 옛날 같지 않잖아요.”

할아버지는 허허 웃으며 대답하셨어요.

“그래도 옛날이 좋았다. 없이 살아도 마음만은 부자였거든. 애비야, 기억나니? 내가 자전거로 가끔가다 너 학교에 태워줬던 거? 그때, 제대로 된 옷 한 벌 사주지 못해 얼마나 미안했던지……. 오죽하면 네 별명이 학교에서 만년샤쓰였겠냐!”

방금 생각났어요. 우리 학급 문고에도 ‘만년샤쓰’라는 제목의 책이 있거든요! 근데 아빠 별명이 촌티 팍팍 나는 만년샤쓰였다니, 믿어지지 않아요.

연규가 쓰는 독서록★

날짜 5월 11일 | 책이름 만년샤쓰

글쓴이 방정환 | 그린이 김세현 | 출판사 길벗어린이 | 쪽수 36쪽

제목 만년샤쓰도 부끄럽지 않아

창남이는 가난하지만 항상 밝게 웃는 아이다. 비행사 안창남하고 이름이 똑같아서 별명도 비행사라고 했다. 다 떨어진 신발을 새끼줄로 꽁꽁 묶고 다녀도 창피하지 않다니 정말 대단하다. 난 창남이가 너무 마음에 들어서 '만년샤쓰'로 사행시를 지었다.

만 만년샤쓰를 입은 창남이는

년 연말이 될 때까지 신발도, 옷도 없이 걸어서 학교를 다녔다.

샤 샤쓰를 안 입었으니 얼마나 추웠을까?

쓰 쓰라린 상처를 가지고도 밝게 웃는 창남이가 정말 좋다.

삼행시로 표현하기

가끔은 아주 깔끔하게 정리하듯 쓰고 싶을 때가 있을 거예요. 그럴 때 사용하면 좋은 것이 바로 삼행시 짓기예요. 연규처럼 책 제목 만년샤쓰로 하거나 주인공 이름 을 사용해서 지어도 좋아요. 책을 쓴 작가 이름 으로 삼행시를 지어도 좋고, 책 속에 나오는 물건 이름 을 가지고 삼행시를 지어도 재미있어요. 그런데 아무거나 생각나는 대로 쓰는 것이 아니라 책 내용 과 내 느낌 을 넣어서 쓰는 게 중요합니다.

이런 생각! 저런 생각!★

1. 창남이처럼 내가 만년샤쓰를 입는다면 내 기분은 어떨까요?
2. 그림을 잘 보세요. 거리 풍경이나 옷을 입은 모습이 지금과는 많이 다르지요? 어떤 차이점이 있는지 찾아보세요.
3. 방정환 선생님에 대한 책을 읽어보세요. 선생님은 어떤 일을 하셨나요?

같은 주제 다른 책★

『발레리노 리춘신』, 리춘신, 비룡소

연규의 친구들이 보여주는 독서록★★

날짜 11월 4일 | 책이름 물방울의 추억
글쓴이 에띠는 드랄라 | 출판사 서광사 | 쪽수 48쪽

제목 물방울아, 고마워!

물방울은 물을 끓이면 수증기가 되어 하늘로 올라가 구름이 되어 다시 비로 내린다.

이 비는 잎이 먹기도 하고 뿌리가 먹기도 한다. 또 사람이나 동물에게도 없어서는 안 되는 소중한 것이다. 만약에 물이 없다면 우리는 더럽고, 덥고 불쌍하게 살아야 한다. 아니 생명을 유지하기도 힘들다.

그래서 우리는 물을 더욱 아끼고 소중하게 생각해야 한다.

우리에게 물이 있는 것을 감사해야겠다.

물 물방울아, 고마워!
방 방울방울 물방울이 수증기가 되어 하늘로 올라가면
울 울렁거리는 파도같은 구름이 되어 다시 비가 되어 내린다.

12

지은이 소개하기

"뭐, 청계천 구경 가자고?"

나가는 것을 싫어해서 집에서만 있는 삼촌이 웬일이래요?

역시, 삼촌은 거짓말 대왕이었어요. 청계천을 보기는 봤는데, 그냥 버스를 타고 청계천 앞을 슝~ 지나기만 했어요.

삼촌은 뻔뻔스럽게도 싱글벙글 웃으며 말했어요.

"청계천도 멋지지만 내가 더 멋진 거 보여줄게."

휴, 그런데 우리를 데려간 곳은 헌책방 거리였어요! 그리고 너무 힘들어서 주저앉고 싶은 순간에 삼촌은 이름도 촌스러운 '형제 책방' 이란 곳으로 쑥 들어갔어요.

"안녕하세요! 사장님, 저 왔어요!"

뭐야, 삼촌이 여기 책방 사장님과 친구? 지혜도 나도 깜짝 놀랐어요. 원래 삼촌이 사람들이랑 친하게 지내지 못하거든요. 보기와는 다르게 수줍음이 많아서요.

책방 사장님은 삼촌이 골라놓은 책을 묶으며 말했어요.

"너희들도 책 좋아하니? 삼촌은 중학교 다닐 때부터 우리 집 단골이었단다."

중학교라고? 삼촌은 대학교에 입학하면서부터 서울서 살았는데 어떻게 중학교 때부터 단골이라는 말인지…….

책방 사장님은 눈치를 챘는지 싱긋 웃으며 말했어요.

"너희들 몰랐구나? 글쎄, 너희 삼촌이 대구에서 서울까지 기차를 타고 올라 왔단다. 보고 싶은 책을 사려고 용돈을 아껴두었다가 일 년에 한두 번씩 온 거지."

가만있던 지혜가 킥킥 웃으며 말했어요.

"맞아, 삼촌이 좋아하는 말 있잖아. 하루라도 책을 읽지 않으면, 혀에 가시가 삐죽삐죽 돋는다!"

책방 사장님은 여전히 인상만 쓰고 있는 날 빤히 쳐다보더니 이마를 탁 치며 말했어요.

"오호, 넌 책을 그다지 좋아하지 않는구나. 이 친구를 만나보면 너도 생각이 조금 달라질 것 같은데."

사장님은 여기저기 뒤적이다가 책 한 권을 가져오셨어요. '책 읽는 도깨비' 맙소사, 이젠 도깨비까지 책을 읽는군!

연규가 쓰는 독서록★

날짜 5월 18일 | 책이름 책 읽는 도깨비

글쓴이 이상배 | 그린이 백명식 | 출판사 처음주니어 | 쪽수 118쪽

제목 이상배 선생님

책 제목만 보고 도깨비가 책을 읽는다고 했을 땐 정말 황당했다.
나도 읽기 싫은 책을 도깨비가 왜 읽는다는 건지 알 수가 없었는데 이제는
이상배 선생님이 쓰신 다른 책이 궁금해졌다.
『책 읽어주는 바둑이』, 『책 귀신 세종대왕』, 『도깨비 아부지』, 『아리랑』,
『똥진 너구리』 등이 있는데 이것 말고도 굉장히 많다고 한다.
이상배 선생님은 도깨비 이야기를 많이 쓰시는 것 같다.
대한민국 문학상, 방정환문학상, 이주홍문학상 등 상도 많이 받으셨다고 했다.
도깨비들이 서점에 가는 기쁨을 알기 시작했다는 부분에서는 딱 우리 삼촌
같은 도깨비구나 하고 생각했다. 책 읽는 도깨비 도서관이 진짜로 있다면
나도 한번 가보고 싶다. 거기 가면 나도 책을 좋아하게 되지 않을까?

지은이 소개하기!

책을 읽는 친구들이 잘 안 읽는 부분이 바로 책 표지 안쪽에 있는 **지은이 소개**예요. 지은이가 어디서 태어나고 무슨 공부를 했는지를 다 알 필요는 없지만 내가 이 책을 재미있게 읽었다면 지은이가 또 어떤 책을 썼는지 알아보는 것도 좋지요. 이런 부분들을 독서록에 함께 써 보세요. 어렵다고 느껴진다면 **주인공을 소개**하거나 이 책을 **다른 친구에게 소개**하는 방법으로 쓰는 것도 좋습니다.

이런 생각! 저런 생각!★

❶ 도깨비들이 책을 읽는다고 할 때 어떤 생각이 들었나요?

❷ 실제로 책 읽는 도깨비 도서관이 있을까요? 왜 그렇게 생각하나요?

❸ 세종대왕을 만날 수 있다면 무엇을 물어보고 싶은가요?

같은 주제 다른 책★

『모든 책을 읽어버린 소년 – 벤저민 프랭클린』, 루스 애슈비, 미래아이
『도서관』, 사라 스튜어트, 시공주니어

연규의 친구들이 보여주는 독서록★

날짜 4월 17일 | 책이름 아낌없이 주는 나무
글쓴이 셸 실버스타인 | 출판사 시공주니어 | 쪽수 52쪽

제목 셸 실버스타인 선생님에 대하여

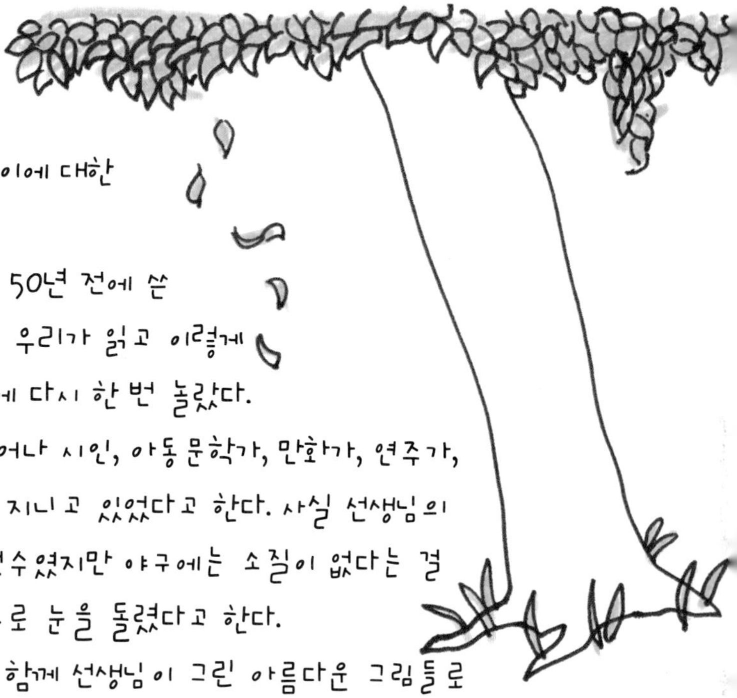

'아낌없이 준다'는 표현이
이 책처럼 잘 어울리는 곳이
있을까라는 생각을 하며 지은이에 대한
궁금증이 생겼다.
인터넷에서 찾아보니 이 책은 50년 전에 쓴
것이라고 했다. 그런데 아직도 우리가 읽고 이렇게
큰 감동을 느낄 수 있다는 것에 다시 한 번 놀랐다.
선생님은 미국 시카고에서 태어나 시인, 아동문학가, 만화가, 연주가,
작곡가 등 다재다능한 재능을 지니고 있었다고 한다. 사실 선생님의
소년 시절 꿈은 유명한 야구선수였지만 야구에는 소질이 없다는 걸
깨닫고 그림과 책을 쓰는 쪽으로 눈을 돌렸다고 한다.
선생님 작품은 시적인 문장과 함께 선생님이 그린 아름다운 그림들로
작품의 재미와 감동을 더해 준다. 그래서 선생님 작품은 어린이들부터
어른들까지 세계 수많은 독자들에게 사랑받는다고 한다.
지금은 돌아가셨다고 하는데 정말 대단한 분이신 것 같다.

|오늘은 어떻게 쓸까?|

13

성격 비교하여 쓰기

난 우찬이가 그렇게 변덕쟁이인줄 몰랐어요. 같이 자전거를 타기로 해놓고는 말도 없이 집에 가버렸지 뭐예요.

'우찬이가 왜 그럴까?' 하고 생각하는데, 소영이가 참견했어요.

"너 우찬이한테 거짓말 한 거 있어? 아님 배신이라도 했냐?"

그때 먼저 간 줄 알았던 우찬이가 다가왔어요. 그런데 우리는 쳐다보지도 않고 문방구로 쏙 들어갔어요.

우찬이는 샤프와 지우개 말고도 장난감을 여러 개 샀어요.

소영이가 내 귀에 대고 소곤댔어요.

"쟤, 완전 쇼핑중독이야."

조금 있으려니 우찬이가 계산을 하고는 나왔어요.

소영이가 호들갑스럽게 나를 보며 말했어요.

"거 봐, 배신 맞지?"

나는 달려가 우찬이 등을 툭 건드리며 말했어요.

"야, 너 왜 나랑 말 안 해?"

문

소영이도 가만있지 않았어요.

“너 요즘 이상해! 툭하면 성질부리면서 화만 내고, 우리가 뭐 잘못했어?”

순간, 우찬이 눈이 토끼처럼 빨개지더니 바닥에 주저앉으며 말했어요.

“나, 지금 이모네 갈 거야. 혼자…….”

나는 깜짝 놀라 물었어요.

“야, 너희 이모네 집 제주도라고 하지 않았어? 거길 지금 간다고? 너 혼자?”

“흥, 내가 미국에 가도 우리 엄마 아빠는 날 찾지 않을걸. 칫, 매일 우영이, 우영이! 이제 우영이의 우자도 싫어!”

우영이? 아, 맞아요! 얼마 전에 우찬이 남동생이 태어났다고 했어요.

“이젠 나더러 혼자 자래! 동생이랑 잔다고. 이젠 내가 필요 없단 얘기잖아. 그래, 셋이 잘 살라고 해!”

소영이는 마치 어른처럼 혀를 차며 말했어요.

“야, 너희들은 어쩌면 그렇게 철이 없냐? 기훈이랑 똑같네, 똑같아!”

연규가 쓰는 독서록★

날짜 5월 25일 | 책이름 나는 싸기대장의 형님

글쓴이 조성자 | 그린이 김병하 | 출판사 시공 주니어 | 쪽수 104쪽

제목 나도 그땐 그랬었지!

소영이 말대로 우리들이 기훈이랑 비슷하긴 한 것 같다.

하지만 나는 그 정도는 아니다. 동생이 태어났다고

사내 녀석이 찔찔 짜기나 하고, 집도 잊어버리는 걸

보면 참 한심하다. 아직 1학년이라 어려서 그런가?

나도 지혜가 태어났을 때 생각이 난다. 엄마랑 아빠,

할머니, 할아버지까지 모두 먹고, 싸고, 우는 것밖에 못하는 지혜가 예쁘다며

곁에서 떠나지 않으셨다.

그때는 무척 섭섭했었는데 기훈이랑 우찬이도 지금 그런가 보다.

혹시 우찬이가 동생이 미워 이모네로 가 버리면 우찬이 엄마도 기훈이 엄마처럼

우찬이를 찾아다니면서 울지도 모른다. 우찬이한테도 이 책을 빨리 읽어 보라고

해야겠다. 그럼 엄마의 마음을 조금은 이해할 수 있지 않을까?

나와 성격 비교하기

책 속에 나오는 등장인물들은 나와 비슷한 성격을 가지고 있기도 하고, 전혀 다른 성격을 가지고 있기도 해요. 주인공과 **공통점** 도 찾고, **다른 점** 도 찾아보면 재미있는 글이 나온답니다.

이런 생각! 저런 생각!★

1. 기훈이처럼 동생이 생겼을 때 섭섭했었나요?
2. 기훈이가 할머니 댁에 간다고 나선 일은 잘한 건가요?
3. 동생에게 사랑을 빼앗겼다고 생각해 본 적이 있나요? 언제 그런 느낌을 받았나요?
4. 부모님이 동생과 나를 차별한다고 생각한 적이 있었나요?

북아트

준비물 색지, 털실, 꾸미기 재료들

★내지 색지를 반으로 접어 얼굴 모양을 2장 잘라 주세요.

★내지 앞장의 좌(겉)와 뒷장의 우(겉)을 서로 맞대어 풀로 붙인 후 얼굴을 꾸미고 글을 씁니다.

연규의 친구들이 보여주는 독서록★★

날짜 8월 10일 | 책이름 마두의 말씨앗
글쓴이 문선이 | 그린이 정지윤 | 출판사 사계절 | 쪽수 142쪽

제목 '말이 씨가 된다.' - 아, 이런 뜻이구나!

마두는 나와 같은 2학년이다.
마두는 노는 걸 무척 좋아하는데, 아빠는 자기보다 텔레비전, 신문, 뉴스를 더 좋아하는 것 같아 항상 불만이다. 그래서 늘 "아빠를 바꿨으면 좋겠어!"라는 말을 한다.
이런 마두의 말이 말씨앗이 되어 이 말을 100번째로 하는 날 정말 아빠를 바꿀 수 있게 된다. 아빠를 네 번 바꿀 수 있는 기회를 주는데
'잘 놀아 주는 아빠, 부자 아빠, 뭐든 오냐 하는 아빠'로 바꿨다 하지만 원래 우리 아빠가 최고라는 걸 알고 다시 아빠를 찾게 된다.
나도 노는 것을 무척 좋아하는데 나랑 그런 점에선 참 많이 닮았다.
하지만 우리 아빠는 나랑 잘 놀아주시고, 때론 장난을 너무 많이 쳐서 나를 화나게 하기도 한다. 하지만 난 그런 말을 절대하지 않는다.
마두를 보면서 왜 엄마가 항상 나에게 "말 조심해라."
"말이 씨가 된단다."라고 하셨는지 알았다.
입에서 한번 나간 말은 다시 주어 담을 수 없다.
그렇기 때문에 항상 말 조심을 해야겠다.

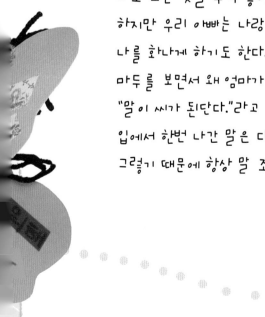

|오늘은 어떻게 쓸까?| 14

카드(상장) 만들기

오늘은 할아버지와 병원에 왔어요. 할아버지가 감기에 걸리셨거든요.

약을 탄 후 할아버지가 말씀하셨어요.

"뭐 먹고 싶어?"

나는 빙긋 웃으며 말했어요.

"피자, 아니면 햄버거!"

할아버지는 '그럴 줄 알았다.' 하는 표정을 지으시면서 껄껄 웃으셨어요.

그때였어요. 양복을 입은 아저씨가 다가와 할아버지에게 말을 걸었어요.

"혹시……, 나정수 선생님 아니세요?"

할아버지는 걸음을 멈추고 한참동안 아저씨 얼굴을 바라보셨어요.

"아, 짱구!"

우리는 함께 햄버거 가게에 갔어요. 아저씨는 아주 굉장한 사실을 알려주셨어요. 글쎄, 우리 할아버지가 선생님이었대요!

"아저씨, 정말 우리 할아버지가 선생님이셨어요?"

"그래, 야학 선생님이셨어. 밤에 공부하는 학생들을 가르쳐주시는 선생님 말이야. 그때 선생님께서 읽어주신 시가 얼마나 멋지던지……."

우와, 믿어야 할까? 나도 모르게 할아버지를 쳐다봤어요. 그러고 보니 할아버지 방에는 시집이 무척 많았어요. 오늘 아침에도 할아버지는 창밖을 바라보시다가 이렇게 말씀하셨어요.

"꽃이 지기로소니 바람을 탓하랴."

맞아요, 할아버지는 달랐어요. 가끔 하시는 말씀도 그랬고 꽃을 바라보는 눈도 따뜻하셨어요. 특히 나와 지혜에게는 더 많이 특별했지요. 그런데 지금 내 앞에 앉아 계신 짱구 아저씨도 그걸 아셨나 봐요.

연규가 쓰는 독서록★

날짜 6월 1일 | 책이름 조커, 학교 가기 싫을 때 쓰는 카드

글쓴이 수지 모건스턴 | 그린이 미레이유 달랑세 | 출판사 문학과지성 | 쪽수 74쪽

제목 노엘 선생님이 우리 선생님이면 좋겠다

와! 세상에 이런 선생님은 처음 봤다.

우리 할아버지도 멋진 선생님이셨다는데 노엘 선생님이랑 비슷했을 것 같다.

노엘 선생님이랑 함께 공부하면 얼마나 좋을까? 그 많은 조커들을 쓸 수 있다니,

너무 부럽다. 특히 '학교 가기 싫을 때 쓰는 카드'가 가장 마음에 든다.

우리 집에서도 이런 조커들을 쓸 수 있으면 좋을 텐데

엄마한테 한 번 여쭤볼까?

지혜한테 꿀밤을 때려도 용서가 되는 카드

늦잠을 자고 싶을 때 쓰는 카드

밤늦도록 텔레비전을 봐도 되는 카드

가족들과 함께 공원에 가고 싶을 때 쓰는 카드

조커(상장) 만들기

노엘 선생님의 반 친구들처럼 직접 카드를 만들어 보세요. 내가 하고 싶은 일, 평소에 하고 싶었지만 말도 꺼내지 못했던 일 들을 카드로 만들어 봅니다.

이런 생각! 저런 생각!★

❶ 우리 선생님은 어떤 점이 마음에 드나요? 어떤 점이 마음에 안 드나요?

❷ 노엘 선생님과 함께 생활을 한다면 좋을까요?

❸ 노엘 선생님과 교장 선생님 중에 누가 진정한 승자라고 생각하나요?

❹ 이런 조커들을 학교에서 쓸 수 있다면 어떤 조커를 쓰고 싶은가요?

❺ 선생님이 치약이나 학교에서 나누어주는 책도 모두 선물이라고 한 까닭은 무엇일까요?

같은 주제 다른 책★

『늦을랑 말랑, 크라토치빌 선생님』, 하인츠 야니쉬, 주니어북스
『우리 선생님이 최고야』, 케빈 헹크스, 비룡소

날짜 8월 22일 | 책이름 초강력 아빠 팬티 | 쪽수 40쪽
글쓴이 타이-마르트 르탄 | 그린이 바루 | 출판사 아름다운사람들

제목 슈퍼 레슬링 챔피언 트로피를 드려요

위 사람은 키가 12층짜리
건물만한 지부터 거인을 이겼고,
핵폭탄 따귀와 막상막하였으며
엄마와 나를 사랑하고
자랑스러운 아빠임으로
이 트로피와 '칠리 콘 카르네'
한 냄비와 '엄마의 뽀뽀'를 드립니다.

8월 22일

세상에서 가장 위대한 아빠를 둔
아들 드림

15

인상적인 부분과 느낌 쓰기

어쩐 일로 할머니가 훌쩍거리며 들어오셨어요. 목소리도 아주 크고, 힘도 무지 센 울트라 천하무적 우리 할머니가요.

할머니는 밥도 짓지 않고, 멍하니 방에 앉아 계셨어요. 그러고는 조그만 비닐봉지에서 사진을 꺼내 보고 또 보았어요.

"연규야, 우리 일요일에 밭에 못 가겠다."

깜짝 놀라 나도 모르게 빽 소리를 질렀어요.

"왜? 내가 얼마나 기다렸는지 몰라?"

"응, 민들레할머니한테…… 일이 생겼거든."

민들레할머니는 할머니와 단짝 친구인데, 옛날에 민들레 식당이란 곳에서 일을 하셔서 별명이 민들레할머니예요. 그리고 지금은 집에서 다섯 정류장 떨어진 텃밭에서 시금치나 상추, 오이 같은 걸 키우세요.

화가 났어요. 민들레할머니가 김치부침개도 부쳐주시고, 용돈도 많이 주셔서 가려는 건 아니에요. 이번 약속을 어기면 반칙

이거든요! 할머니는 거짓말하는 사람이 제일 싫다고 하셨어요. 그런 할머니가 약속을 어기시다니요!

할머니가 이번에는 목소리를 쥐어짜듯 힘들게 말씀하셨어요.

"응, 근데 어쩔 수 없어. 글쎄, 어젯밤…… 할머니가 주무시다 돌아가셨다지 뭐니. 그 동안 많이 아팠었나봐."

아무 생각이 나지 않았어요. 분명히 지난 주 수요일에 나랑 약속하셨는데 갑자기 사라지셨어요. 제일 친한 우리 할머니에게도 말씀 안 하시고요.

할머니처럼 눈물은 나지 않았어요. 하지만 뭔가 모르게 가슴이 허전했어요. 이가 빠져 마치 바람 소리 같던 할머니 목소리와 얼굴이 떠오르면서요.

연규가 쓰는 독서록

날짜 6월 8일 | 책이름 마지막 이벤트

글쓴이 유은실 | 출판사 바람의 아이들 | 쪽수 208쪽

제목 슬프지만 멋진 이벤트

표시한 할아버지와 헤어지고, 지금은 일본에서 사시는 할머니가 장례식에
오셨을 때 깜짝 놀랐다. 싫어서 할아버지와 이혼하셨을 텐데 어떻게 돌아가신
할아버지를 보기 위해 한국까지 오셨는지 잘 이해가 되지 않았다.
또 일본 할아버지와 나란히 인사를 하는 모습을 보며 표시한 할아버지가 보셨다면
너무 속상해 하셨을 것 같아 일본 할아버지가 미운 마음이 들기도 했다.
하지만 할아버지가 여자 수의를 입는 것을 할머니가 허락하셨던
부분을 읽을 땐 마음이 찡해졌다. 나도 영욱이처럼 할아버지가
하고 싶으신 대로 하는 게 옳다고 생각한다.
다른 식구들이 말려서 속상했는데, 할머니가 찬성해
주셔서 다행이라는 생각을 했다.
표시한 할아버지가 우리 할아버지였다면 나는 아마
도망갔을 것 같다. 하지만 마지막 이벤트는 참 멋있었다.

인상적인 부분 찾기

책을 읽으면서 가장 기억에 남는 부분이 있을 거예요. 연규처럼 헤어졌던 할머니가 장례식에 오셨던 부분을 쓸 수도 있고, 아주 재미있는 부분을 찾아 쓸 수도 있어요. 그 부분을 소개하고, 읽었을 때의 느낌과 생각을 곁들여서 쓰면 된답니다. 책을 읽으면서 **인상적인 장면** 도 있지만, **인상적인 인물** 이나 **인상적인 장소** 를 찾을 수도 있습니다.

이런 생각! 저런 생각!★

❶ 표시한 할아버지가 우리 할아버지라면 나는 어떨까요?

❷ 영욱이는 커서 어떤 사람이 되었을까요? 왜 그런 생각을 하게 되었나요?

❸ 할아버지가 마지막 이벤트를 하신 이유는 무엇일까요?

❹ 가족들은 할아버지를 어떻게 생각했나요? 어느 부분에서 그것을 알 수 있었나요?

같은 주제 다른 책★

『작별 인사』, 구드룬 멥스, 시공주니어
『아빠가 내게 남긴 것』, 캐럴 캐릭, 베틀북
『할머니』, 페터 헤르틀링, 비룡소

연규의 친구들이 보여주는 독서록★★

날짜 10월 13일 | 책이름 마법의 빨간 립스틱
글쓴이 공지희 | 그린이 최정인 | 출판사 비룡소 | 쪽수 128쪽

제목 나에게도 이런 빨간 립스틱이 있었으면

미야가 동전을 주우려다 찾은
빨간 립스틱을 바르자 팔과 다리가
길어지고, 발이 커지고, 키도 커졌다.
그리고 가슴도 나오고, 엉덩이도 커져
엄마처럼 되어버린 미야 모습이다.
나도 이런 립스틱을 발라보고 싶다.
난 어떤 모습일까? 그런데 내가 아빠를
많이 닮아 혹시 아빠가 되면 어떡하지.
으악~

16 뒷이야기 이어쓰기

엄마는 늘 이렇게 말해요.

“닭은 누가 뭐래도 위풍당당 닭 닭! 돼지는 제주 통돼지!”

‘위풍당당 닭 닭’은 우리 치킨집 이름이에요. ‘제주 통돼지’는 길 건너 슈퍼 맞은편에 있는 정육점 이름이고요.

우리 가족은 항상 제주 통돼지 집 돼지고기만 먹어요. 맛이 끝내주거든요.

오늘도 엄마는 큰 목소리로 말했어요.

“삼겹살, 세 근요!”

그럼 얼굴이 까무잡잡한 아주머니도 힘을 주어 대답하지요.

“네! 삼. 겹. 살 세근, 빨리 드리겠습니다!”

정육점 아주머니는 늘 웃는 얼굴이에요. 또 아주머니 얼굴이 까매서 그런지 웃을 때 보이는 이가 더 반짝거리지요.

엄만 고기를 받고 또 큰 목소리로 물어봐요.

“아기는 언제 태어나요?”

제주 통 돼지

아주머니는 배를 만지며 대답했어요.

"조금 후요! 아니, 몇 달…… 후요!"

나는 이렇게 말하는 엄마와 아주머니가 재밌어요. 정육점 아주머니가 외국인이라 한국말이 서툴거든요. 그래도 무척 열심히 말씀하시려는 아주머니가 멋져 보여요.

몰랐는데 정육점 사장님, 그러니까 아주머니 남편 분께서 말씀해주셨어요. 우리 아내는 말레시아에서 시집왔다고요.

처음 정육점 아주머니를 봤을 때는 이상했어요. 까맣기도 했지만 키가 작아 마치 중학생 같았거든요. 또 몇 번을 말해도 알아듣지 못했어요.

동네 사람들은 짜증을 냈어요. 말귀도 못 알아듣는 외국인이 어떻게 장사를 할 수 있느냐면서요. 하지만 아주머니는 늘 생글생글 웃는 얼굴로 사장아저씨와 항상 가게를 지켰어요.

그리고 지금은 동네 사람들 모두 이렇게 말하지요.

"노총각이 장가가더니, 완전 딴 사람 되었어. 봤지? 매일 입이 찢어져라 웃잖아."

"올 가을에 새댁이 아기를 낳는다네? 엄마를 닮아 무척 예쁘겠어."

연규가 쓰는 독서록★

날짜 6월 15일 | 책이름 파란 눈의 내 동생

글쓴이 이지현 | 그린이 황성혜 | 출판사 문공사 | 쪽수 176쪽

제목 마이클도 이젠 한 가족이야

대인이와 마이클이 친해져서 다행이다. 마을 사람들과 운동회를 할 때
모두들 한 마음으로 마이클을 응원해 주었다. 그 모습에 나는 눈물이 날 것 같았다.
마이클과 대인이가 어떻게 되었는지 내가 뒷이야기를 만들어 봤다.
새로운 이야기를 만드는 것도 너무 재미있는 것 같다.

마이클은 이제 우리말을 아주 잘 하게 되었어요. 사람들도 마이클을 더 이상 이상하게
쳐다보지 않았어요. 하지만 마이클은 대인이를 따라 다니면서 너무 장난을 쳐
'사고뭉치'라는 별명을 갖게 되었지요. 그러던 어느 날 대인이와 마이클은 쥐불놀이를
하다 그만 깡통 속 불똥이 이웃집 빨래에 떨어져 한바탕 큰 난리를 일으켜요. 결국
온종일 그 집 청소를 해주어야 했어요. 하지만 사고뭉치인
마이클과 대인이는 장난만큼이나 공부도
열심히 해서 마을 자랑거리가 되었답니다.

뒷이야기 이어쓰기

분명히 뒤에 이야기가 더 있을 것 같은데 아쉽게 끝나버리는 이야기가 많죠? 이럴 때는 **내가 직접 작가** 가 되어보는 거예요. 뒤에 주인공이 **어떻게 변할지**, **어떤 일들이 생길지** 를 **상상** 해 보세요. 결론이 나지 않고 이야기가 끝나버리는 경우는 결말을 내가 상상해서 쓰는 것도 좋아요. 꿈에 대한 이야기라면 주인공이 나중에 커서 그 꿈을 이루었을지 상상해서 쓰는 것도 좋답니다.

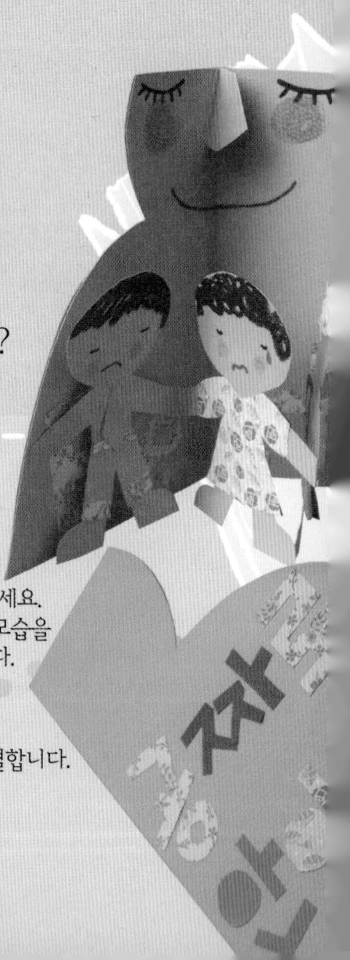

이런 생각! 저런 생각!★

❶ 내가 대인이라면 파란 눈의 금발 동생이 좋을까요?
❷ 대인이가 마이클을 싫어한 이유는 무엇일까요?
❸ 대인이와 마이클은 다양한 일들을 겪습니다. 이중에 나도 해보고 싶은 것이 있었나요?
❹ 마이클에게 가르쳐주고 싶은 게 있다면 무엇인가요?

쉬운 북아트 BOOKART

준비물 색지, 색종이

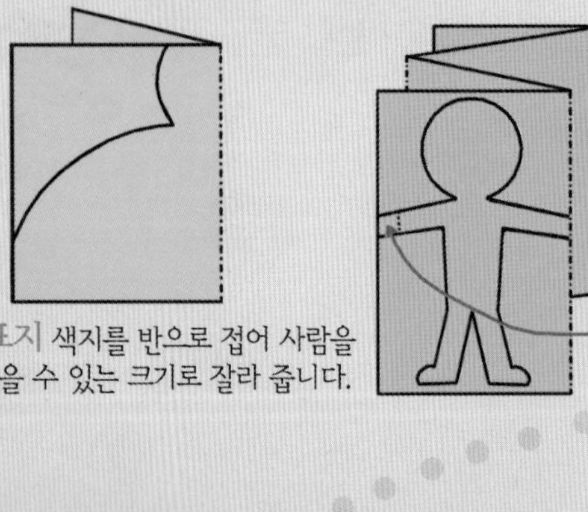
★내지 색지를 병풍접기하여 아이의 모습에 따라 오려 주세요. 안아주고픈 다양한 아이의 모습을 색종이를 잘라 표현해 줍니다.
★좌우 끝의 아이 팔을 표지 안쪽에 붙여 연결합니다.
★표지 색지를 반으로 접어 사람을 안을 수 있는 크기로 잘라 줍니다.

날짜 11월 4일 | 책이름 공짜로 안아 드립니다
글쓴이 김현태 | 그린이 이동연 | 출판사 나무생각 | 쪽수 74쪽

제목 포옹이란? 마음과 마음의 다리

아이는 할머니가 돌아가시자 너무 슬펐다. 그런데 모르는 다른 할머니의 포옹으로 마음이 다시 환하게 밝아졌다. 그런 마음을 다른 사람들에게도 주고 싶어 '공짜로 안아드립니다'라고 종이에 써서 밖으로 나갔다. 하지만 아무도 그 아이에게 다가오지 않았다.
그런데 어느날 강아지를 잃어버려 울고 있는 여자 아이가 와서 안아 주었다. 그리고 돼지라고 놀림을 받은 뚱뚱한 남자 아이도, 어린 손자를 그리워하는 할아버지도 안아주었다. 아이가 안아준 사람들은 모두 기뻐했다.
포옹이 이렇게 큰 힘이 있을 거라고 생각하지 못했는데 포옹은 다른 사람에게 힘이 되고 기쁨이 되나보다. 포옹이 더욱 퍼지기를 바라는 마음으로 뒷이야기를 생각해 봤다.
아이는 그 이후 하루도 빠지지 않고 나와 자기의 포옹을 필요로 하는 사람을 위해 기다렸어요. 아이의 포옹을 받아 힘을 얻은 사람들도 '공짜로 안아드립니다'라는 종이를 들고 밖으로 나왔어요. 한두 명 따라 하던 것이 열이 되고 백이 되었어요. 이제 힘이 들어 포옹이 필요한 사람은 없었어요. 언제든 힘을 줄 친구들이 많았으니까요.

17

네 컷 만화 그리기

"연규, 네가 그랬어?"

선생님은 화가 많이 나셔서 목소리를 높이셨어요. 나는 우물거리며 아무 말도 하지 않았어요. 내가 한 일은 맞지만 선생님께 혼이 날만큼 큰일은 아니라 생각했거든요. 축구를 하다보면 화단에 축구공이 굴러갈 수도 있는 일 아닌가요? 또 축구공을 주우러 갔다가 꽃을 밟은 것도 어쩔 수 없는 일이고요.

짜증이 났어요. 그래서 나도 모르게 중얼거렸어요.

"에이씨……."

순간 선생님 눈이 번쩍 빛났어요.

"연규, 너 지금 뭐라고 했어?"

나는 대답도 못한 채 '끙' 소리만 냈어요. 선생님이 조금 전보다 훨씬 더 많이 화가 난 걸 알았기 때문이에요.

"선생님이 말했지. 욕하는 어린이에게는 매를 든다고!"

말도 안 돼요! 그깟 '에이씨'란 말 때문에 손바닥을 열 대나

훈
다하자

맞다니요!

집에 돌아와서도 내내 속상했어요. 할머니와 지혜가 말을 시켜도 모른 척 했지요.

나중에는 삼촌이 내가 좋아하는 피자 빵을 내밀며 말했어요.

"빵 먹어라, 빵 귀신!"

침이 꼴깍 넘어갔지만 본체만체 했죠.

"오늘 학교에서 무슨 일 있었냐?"

"에이씨, 삼촌은 몰라도 돼!"

삼촌 눈이 왕방울만큼 커졌어요. 내 얼굴이 점점 빨개졌어요. 사실 오늘도 '에이씨' 란 말을 열 번도 넘게 썼거든요. 마음속으로는 하지 말아야지 다짐 하면서도 계속 나오는데 어쩔 수가 없더라고요.

삼촌은 피자 빵을 꿀꺽 삼키고는 심각한 얼굴로 물었어요.

"너 요즘 왜 그래?"

갑자기 눈물이 쏟아졌어요. 사실은 나도 잘 모르겠거든요.

연규가 쓰는 독서록

날짜 6월 22일 | 책이름 괴물 길들이기

글쓴이 김진경 | 그린이 송희진 | 출판사 비룡소 | 쪽수 86쪽

제목 괴물을 길들인다는 건

솔직히 말하면, 나도 그러려고 그런 게 아닌데 어른들은 나를 이상하게 생각한다. 민수도 나랑 똑같다. 그래서 괴물 왜와 돼가 나타난 것 같다.

왜와 돼가 나타나다.
왜
돼
민수, 너 손 들어!
너희 가만 있어!
괴물들을 버리기로 했다.
괴물을 담은 푸대
괴물을 길들이니 모두 사라졌구나.
괴물을 길들인다고? 그럼 …….

네 컷 만화 그리기

독서록을 흥미롭게 쓸 수 있는 또 하나의 방법이 바로 네 컷 만화 그리기예요. 책 내용을 네 장면으로 나눠서 간단한 그림과 함께 연규가 한 것처럼 말풍선을 달거나 그 장면에 해당하는 내용을 간단하게 써주는 거예요. 이 내용들을 다 모으면 줄거리를 알 수 있답니다.

이런 생각! 저런 생각!★

① 민수처럼 '왜'와 '돼' 같은 괴물이 나타난 적 있나요?

② 다른 사람의 눈에 보이지 않는 괴물이 내 곁에 있다면 기분이 어떨까요?

③ 삼촌은 괴물을 길들이면 된다고 했어요. 괴물을 길들인다는 의미는 무엇일까요?

④ 민수의 괴물은 그림에서 보는 것처럼 생겼어요. 그렇다면 내가 데리고 있는 괴물은 어떤 모습인가요?

⑤ 민수에게 괴물을 길들이는 다른 방법을 알려 주세요.

같은 주제 다른 책★

『엉망진창 섬』, 윌리엄 스타이그, 비룡소

연규의 친구들이 보여주는 독서록★

날짜 10월 9일 | 책이름 종이 봉지 공주 | 출판사 비룡소
글쓴이 로버트 문치 | 그린이 마이클 마첸코 | 쪽수 32쪽

제목 종이봉지공주, 왕자를 구하다

독서일기 쓰기

1년 동안 고생한 끝에 드디어 삼촌이 운전면허를 땄어요. 삼촌은 신이 났어요. 차도 없으면서 어디든지 달리고 싶어 했지요. 결국, 아빠가 차를 빌려줬어요.

삼촌과 나는 서울을 벗어나 국도를 달렸어요. 처음에는 천천히 달렸지만 나중에는 조금 속도도 냈지요. 삼촌은 오늘 아주 멋진 곳을 구경시켜주겠다고 했어요.

시골풍경은 평화로워 보였어요. 삼촌도 기분이 좋은지 콧노래를 불렀지요.

차는 덜컹거리며 좁은 시골길을 달렸어요. 아니, 달리는 것이 아니라 거북이처럼 엉금엉금 기었어요. 길은 또 어찌나 좁은지 양옆에 서 있는 굵은 상수리 나뭇가지에 툭툭 걸렸어요.

갑자기 무서운 생각이 들었어요. 생각해보니 이 길로 들어선 후, 한 사람도 보지 못했거든요.

"삼촌, 어디 가는 거야?"

삼촌은 싱긋 웃었어요. 그러고는 잡초가 우거진 곳으로 천천히 차를 몰았어요.

마치 보물을 찾는 기분이었어요. 아니, 숨겨져 있던 멋진 유적이랄까요? 내가 본 곳은 작은 건물이 있는 아담한 운동장이었어요. 운동장 주변에는 커다란 벌통과 꽃이 많았지요.

“삼촌, 여기가 어디야?”

“응, 작은 학교. 지금은 학생들이 없어 폐교가 되었지만 옛날에는 이곳에서 아이들이 공부를 했어. 우리가 서 있는 운동장에서 조회도 하고 운동회도 했지.”

믿어지지 않았어요. 이렇게 멋진 학교가 폐교가 되었다니 말이에요. 이곳 학교를 다니던 아이들은 모두 어디로 갔을까요?

파란 하늘이 눈부시게 빛나고 있었어요. 숲에서 들리는 뻐꾸기 소리와 바람에 나뭇잎들이 부딪쳐 사각거리는 소리가 노래처럼 들려왔어요. 그러자 마술처럼 아이들이 되살아나는 것 같았어요. 운동장에서 축구하며 뛰어다니는 아이들, 교실에서 수업을 하는 아이들, 또 수돗가에서 서로 물을 뿌리며 깔깔거리는 아이들 모두요.

연규가 쓰는 독서록★

날짜 6월 29일 | 책이름 작은 학교 이야기

글쓴이 강재훈 | 그린이 김영곤 | 출판사 진선출판사 | 쪽수 94쪽

제목 이런 학교에 다니면 얼마나 좋을까

이 책에 나오는 아이들은 나처럼 아파트를 지나 빵빵거리는 차로 가득한 길을
지나는 게 아니라 배를 타고 줄을 당겨 바다를 건너 학교에 간다.
그러면 아침마다 신나게 노는 기분이 들 것 같다. 또 바다가
보이는 학교에서 축구를 하면 유리창 깰 걱정도 안하고
얼마나 신이 날까? 공을 찾으러 가는 길도 재미있을 것 같다.
나는 학교가 끝나면 학원에 가서 공부를 한다. 하지만 얘들은
바닷가로 몰려가 고기를 잡아서 구워먹기도 한다니 진짜 부럽다.
거기다 한 반에 한 명이나 두 명이 다라고 하니까 공부를 못 해도 1등, 2등은
할 수 있다. 나도 여기로 전학 가면 1등을 할 수 있을 것 같다.
삼촌 얘기로는 이런 학교들이 점점 없어진다고 했다. 아이들이 편안하게
공부할 수 있게 작은 학교를 없애지 않았으면 좋겠다.

주인공과 나의 하루 비교하기

생활환경이 나와 다른 이야기를 만나게 되면 내 생활과 비교하기가 쉬워요. 학교생활 이나 집에서 생활 하는 것들을 비교해 보세요. 그리고 부러운 것 과 닮고 싶은 것 을 찾아 봅니다.

이런 생각! 저런 생각!★

1. 강마을, 산마을, 섬마을 아이들의 생활은 어떨까요?
2. 내가 이 마을에 산다면 좋을까요?
3. 분교란 무엇을 말할까요?
4. 분교가 없어지면 산마을, 강마을, 섬마을에 사는 아이들은 기분이 어떨까요?

같은 주제 다른 책★

『창가의 토토』, 구로야나기 테츠코, 프로메테우스

연규의 친구들이 보여주는 독서록★

날짜 10월 6일 | 책이름 우리공주박물관 | 출판사 초록아이
글쓴이 서안정 | 그린이 이윤희 외 2명 | 쪽수 32쪽

제목 정의공주와 오지민

정의공주는 저고리와 치마를 주로 입었다.
하지만 나는 모자가 달린 티셔츠와 바지를
입는다. 지금처럼 쌀쌀한 날에는 정의공주는
배자를 입었다. 그 배자는 지금의 조끼와 같은
것인데, 나는 조끼보다 배자가 훨씬 더 좋다.
왜냐하면, 털이 부드러워서 털이 없는 부분도
따뜻할 것 같고, 만지거나 얼굴에 닿으면
강아지풀을 만지는 것처럼 간지러울 것 같기 때문이다.
공주는 머리장식으로 배씨댕기를 하는데 머리띠를 닮았다.
배씨댕기는 붉고 화려한 게 많은데, 나는 심플한 디자인에 무채색이나
파스텔 톤의 색을 좋아한다. 하지만 우리 아빠가 말하는 심플은 너무
간단해서 허전하다.
정의공주는 화려하고 예쁜 것을 많이 입었지만 만약 내가 공주였다면
예쁘고 심플한 옷을 입었을 것 같다.
타임머신을 타고 공주가 된다면 정의공주보다 더 예쁜 옷을 입고 싶다.
생각만 해도 저절로 웃음이 난다.

|오늘은 어떻게 쓸까?| 19

정보를 이용하여 쓰기

우리 반 재우는 과학대장이에요. 과학경시대회에서 1등을 했으니 그럴 수밖에요.

오늘 재우가 물었어요.

"너 메탄가스가 뭔지 아니?"

순간 나는 벙어리가 되고 말았어요.

재우는 그럴 줄 알았다는 듯 피식 웃으며 과학책을 폈어요. 흣, 미래의 과학자가 어련하시겠어요?

집에 돌아와 삼촌에게 메탄가스에 대해 물었어요.

"메탄가스? 네 방귀도 메탄가스라고 할 수 있지. 또 소가 뀌는 방귀도 메탄가스고. 그러니까 미생물의 작용에 의해 동식물이 부패하면서 만들어지는 가스를 말하지. 생물체에 의해 만들어지는 가스라는 이유로 바이오가스라고 부르기도 하지."

우와, 난 삼촌이 이렇게 똑똑한 줄 몰랐어요. 메탄가스를 바이오가스라고 부르는 것도 몰랐지만 내 방귀도 삼촌 방귀도 메탄

가스라니 생각할수록 재미있어요.

다음날, 과학시간이었어요. 갑자기 배가 살살 아프기 시작했어요. 어젯밤에 삶은 달걀을 너무 먹었나 봐요.

'10분만 참자!'

곧 쉬는 시간이에요. 지금 나가면 괜히 혼만 날 것 같아 참기로 했어요.

"뽕!"

결국 터지고 말았어요. 친구들이 킥킥대고 웃었어요.

"와, 냄새 진짜 끝내준다!"

"어젯밤에 뭐 먹었냐? 냄새가 아주 썩는다, 썩어!"

그때 재우가 톡 나서서 말했어요.

"방귀, 그러니까 바이오가스를 참지 못한 넌 어서 화장실로 가는 게 어때?"

오, 마이 갓! 바이오가스도 알고 있었단 말이야?

선생님도 웃으며 말씀하셨어요.

"재우 넌 어떻게 바이오가스란 말을 알고 있니?"

기다렸다는 듯 재우가 일어나 말했어요.

"이 책을 보면 다 나와 있거든요!"

연규가 쓰는 독서록

날짜 7월 6일 | 책이름 하늘에 왜 구멍이 났을까요?
글쓴이 션 캘러리 | 출판사 다섯수레 | 쪽수 32쪽

제목 곰들도 살리고 사람도 살리고

이 책을 보니까 얼마 전에 선생님이 보여주셨던 '북극의 눈물'이라는 프로그램이 생각났다. 지구의 온도가 높아지면서 북극에 있는 얼음이 녹고, 곰들은 먹이를 구하기 어려워져 죽기도 한다고 했다.

그런데 지구를 자꾸 덥게 만드는 게 이산화탄소나 메탄가스 때문이라고 한다.

재미있는 건 소가 방귀를 뀔 때도 메탄가스가 만들어진다는 것이다.

또 어른들이 돈을 벌기 위해서 아마존 밀림을 불태우고, 거기에 소를 많이 키운다고 한다. 그러면 방귀를 뀌는 소도 많아지고, 메탄가스도 많아지겠지?

나도 방귀를 참아야 하냐고 물어봤더니 삼촌은 그러면 건강에 해롭다고 했다. 나무가 많아야 내 방귀도 먹고, 이산화탄소도 먹을 수 있으니까 나무를 자꾸 불태우지 않았으면 좋겠다.

새롭게 알게 된 자료 이용하기

과학책을 읽고 독서록을 쓰는 가장 쉬운 방법은 새롭게 알게 된 자료를 이용해서 쓰는 거예요. 내가 알고 있던 내용들을 소개해 주는 것도 좋지만, 책에 있는 자료 들을 이용해서 설명 하고 책에 대한 전체적인 느낌 을 덧붙여 주면 됩니다.

이런 생각! 저런 생각!★

❶ 책을 보기 전에 하늘에 구멍이 난 이유를 생각해 보세요.
❷ 이산화탄소를 줄이는 방법에는 어떤 것들이 있을까요?
❸ 북극곰을 살리는 좋은 방법이 없을까요?
❹ 가장 재미있었던 부분을 찾아 이유도 설명해 보세요.
❺ 지구온난화 때문에 누가 피해를 가장 많이 볼까요?

같은 주제 다른 책★

『지구의 미래를 부탁해』, 글렌 머피, 다림
『내가 조금 불편하면 세상은 초록이 돼요』, 김소희, 토토북

연규의 친구들이 보여주는 독서록

날짜 4월 15일 | 책이름 바닷속 뱀장어의 여행
글쓴이 캐런 월리스 | 그린이 마이크 보스톡 | 출판사 비룡소 | 쪽수 26쪽

제목 댓잎 뱀장어야, 힘내!

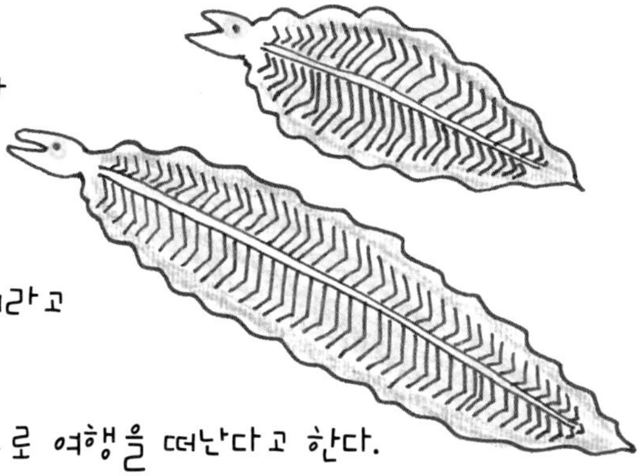

댓잎 뱀장어는 바다에서 태어나 강에서 자라
다시 알을 낳으러 바다로 돌아온다.
나는 강에서 태어난 장어는 강에서 자라고,
바다에서 태어난 장어는 바다에서 사는 것이라고
생각했는데 그렇지 않았다.
댓잎 뱀장어는 봄에 태어나 유럽이나 미국으로 여행을 떠난다고 한다.
알을 낳고 어미 뱀장어는 죽어 버리기 때문에 새끼 뱀장어는 혼자 여행을
해야 한다. 여행을 하는 동안 새끼 뱀장어는 바다 위 갈매기들의 먹이가
될 수도 있기 때문에 항상 조심해야 한다.
댓잎 뱀장어는 바다에서 강으로 3년이라는 긴 시간 여행을 한다.
그 동안 '실뱀장어'로 자라게 되고, 실뱀장어는 강에 도착해 강바닥에 있는
진흙구멍이나 틈에 살면서 '황뱀장어'가 된다. 끈적끈적한 피부로 숨을
쉬며 점차 은빛과 검은 빛으로 바뀌어 '은뱀장어'가 된다.
그리고 알을 낳기 위해 다시 바다로 떠나는 긴 여행을 시작한다.
왜 댓잎 뱀장어는 이렇게 힘든 여행을 해야 할까?
태어난 곳에서 살면 좋을 텐데. "댓잎 뱀장어야, 힘내!"

생생한 느낌을 담은 편지 쓰기

지혜는 신이 났어요. 오늘 점심은 작은 이모네서 삼겹살을 먹기로 했거든요.

오늘도 이모는 식탁 한 가득 맛난 음식들을 차려 놓았어요. 삼겹살은 물론이고, 달콤한 드레싱을 뿌린 샐러드도 예쁜 그릇에 담겨 있어요.

이모는 삼겹살을 맛있게 구워 주셨어요. 나, 지혜 그리고 이모 딸 수빈이는 열심히 상추에 고기를 싸서 먹었지요. 아삭아삭 씹히는 오이도 쌈장에 찍어 먹고요. 그런데 갑자기 지혜가 소리를 질렀어요.

"엄마야, 이게 뭐야!"

자세히 보니 지혜가 떨어뜨린 상추에 작은 벌레가 붙어 꼬물거리고 있었어요. 하지만 이모는 아무렇지도 않게 벌레를 떼어낸 후 다시 쌈을 싸 맛있게 먹었어요.

솔직히 실망이었어요. 누구보다도 깨끗하고 세련된 이모가 벌

레 붙은 상추를 먹다니요! 또 아까는 몰랐는데 지금 보니 상추 곳곳에 벌레 먹은 자국이 보였어요.

수빈이가 물었어요.

"안 먹어?"

지혜는 눈살을 찌푸리며 말했어요.

"넌 벌레 나온 상추쌈을 먹고 싶니?"

이모는 웃으며 말했어요.

"걱정하지 마! 이 상추, 수빈이랑 내가 주말 농장에서 기른 거야. 또 농약을 주지 않아서 몸에 해롭지도 않아. 너희들 무조건 벌레 안 먹고, 깨끗한 야채가 좋은 줄 알고 있지?"

나와 지혜는 고개를 갸웃거렸어요. 사실 음식이든 물건이든 보기 좋은 것이 몸에도 좋은 거 아닌가요?

수빈이도 싱긋 웃으며 말했어요.

"오빠, 우리 엄마 말 들었지? 그러니까 걱정 말고 맛있게 먹어 주면 좋겠어!"

우와, 믿어지지가 않았어요. 수빈이가 상추를 직접 재배했다니요! 수빈이는 원래 편식도 심하고, 밖에 나가는 걸 싫어하는 아이였거든요.

연규가 쓰는 독서록 ★

날짜 7월 13일 | 책이름 어진이의 농장일기

글쓴이 신혜원 | 출판사 창작과비평사 | 쪽수 106쪽

제목 이 정도라면 나도 할 수 있지

어진이에게

어진아, 너 참 대단하다. 그 좋아하던 컴퓨터도 안 하고,

매주 주말 농장에 가서 어떻게 일을 했니? 얼마 전에 이모네

집에 가서 상추쌈 먹다가 상추에 벌레가 붙어서 무지 놀랐거든.

그런데 너 보니까 좋은 벌레, 나쁜 벌레 구분도 하고 직접 잡아주기도 하고

그러더라.

우리 이모네 딸 수빈이도 지금은 주말 농장에서 상추를 키운대. 앞으로는

방울토마토도 키운다고 하던데 정말 그 일이 재미있어? 이모는 수빈이가

건강해지고 편식도 안 하게 되었다고 자랑을 하시던데. 너도 그렇게 보이긴 했어.

나도 할머니랑 함께 해볼까 생각중이야. 네 덕분에 좋은 거 많이 배웠어. 고마워.

주말 농장을 계획 중인 연규가

생생한 느낌을 담아 편지 쓰기

편지를 쓸 때는 책 내용이 드러날 수 있게 쓰면 좋아요. 연규가 쓴 것처럼 내 경험 과 어진이의 경험 을 함께 쓰면 훨씬 생생한 글이 될 수 있습니다.

이런 생각! 저런 생각!★

① 어진이는 컴퓨터 하는 걸 제일 좋아해요. 나는 무엇을 제일 좋아하나요?

② 어진이처럼 주말마다 농장에 가서 일을 해야 한다면 좋을까요? 싫을까요?

③ 어진이가 키운 채소들 중에 나도 키워보고 싶은 것을 한 가지만 찾는다면?

④ 우리 집 주말 농장에 어떤 이름이 좋을까요?

같은 주제 다른 책★

『세 엄마 이야기』, 신혜원, 사계절
『청라 이모의 오손도손 벼농사 이야기』, 정청라, 토토북
『세상에서 가장 작은 논』, 서석영, 푸른책들

날짜 3월 25일 | 책이름 까막눈 삼디기

글쓴이 원유순 | 그린이 이현미 | 출판사 웅진주니어 | 쪽수 94쪽

제목 삼덕아, 항상 웃어!

삼덕이에게

삼덕아, 안녕! 처음에 '까막눈 삼디기'라고 해서 이게 무슨 말인가 했었는데
책을 읽으면서 그 뜻을 알고 너무 속상했어. 또 글씨를 배우기 시작한
내 동생이 쓰는 거랑 똑같아서 좀 웃기기도 하고 말야.
하지만 보라가 전학와서 너와 친구들을 이어주고, 너를 놀리던 친구들이
나중엔 네가 글을 읽을 수 있게 도운 건 정말 감동적이었어.
보라가 전학와서 정말 다행이야. 사실 나도 한글 배우기 시작한 동생을
약올리곤 했었는데 이젠 차근차근 잘 알려 줘야겠다는 생각이 들더라.
요즘은 어떻게 지내니? 이젠 책 한 권은 단숨에 읽겠지.
책은 많이 읽을수록 좋은 것 같아. 내가 경험해 보지 못한 것도 책에서는
마음껏 경험하고 상상할 수 있으니까. 우리 책 많이 읽자.
삼덕아, 힘들더라도 항상 웃고 잘 지내.

친구 선하가

삼덕이처럼 써보기 ㅋㅋ

까막눈 삼디기

21 주인공 인터뷰하기

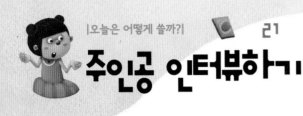

휴, 내가 이럴 줄 알았어요. 쇼핑하자고 말해 놓고서는 무슨 서점이래?

삼촌은 어마어마하게 많은 책들 앞에서 행복한 표정지으며 말했어요.

"얘들아, 아빠가 왔다!"

아이쿠! 책들에게 귀가 있다면 삼촌 소리를 듣고 뭐라고 할지 정말 궁금했어요.

책을 산 후, 우리 셋은 수첩을 사기 위해 문구 코너로 갔어요. 생각보다 수첩 종류가 많았어요. 책만큼 표지도 무척 다양했고요. 지혜는 커다란 해바라기 그림이 그려진 수첩을 골랐어요.

"오, 우리 지혜 보는 눈이 있구나."

삼촌이 웃으며 지혜를 칭찬했어요.

"응, 삼촌! 이 수첩 멋지지?"

지혜도 싱긋 웃으며 대답했어요.

“그럼 나도 수첩 하나 살까? 지혜가 좋아하는 고흐 그림이 있는 것으로…….”

삼촌은 침대와 의자가 그려진 수첩을 골랐어요.

집으로 돌아오는 버스 안에서 삼촌에게 물었어요.

“삼촌, 아깝지 않아? 수첩 하나에 오천 원이나 주고 사고?”

삼촌은 그럴 줄 알았다는 얼굴로 말했어요.

“값이 비싸긴 하지. 하지만 내가 좋아하는 고흐 그림이 표지에 있어서 샀어. 가짜 복사본이긴 하지만 언제든지 꺼내 내 마음대로 볼 수 있으니까.”

몰랐는데 삼촌은 그림도 좋아하나 봐요.

“너 좋아하는 사람들 얼굴이나 사진을 보면 행복한 마음이 들지? 그림도 마찬가지야. 나중에 취직해서 돈 벌면, 유럽에 있는 미술관을 돌아볼 생각이야. 거기에 가면 복사본 그림이 아닌 진짜 인상파 그림을 감상할 수 있거든.”

세상에나! 그깟 그림 몇 장을 보기 위해서 유럽으로 여행을 간다고요?

연규가 쓰는 독서록★

날짜 7월 20일 | 책이름 모네의 정원에서

글쓴이 크리스티나 비외르크 | 그린이 레나 안데르손 | 출판사 미래사 | 쪽수 52쪽

제목 그림이 그렇게 좋을까?

리네아는 모네의 그림을 보러 블룸할아버지와 파리까지 다녀왔다.
우리 삼촌이 보면 무척 부러워할 것 같다. 리네아한테 물어보고
싶은 게 있다고 하니까 삼촌은 인터뷰라는 걸 해보라고 하셨다.

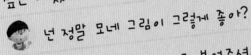

넌 정말 모네 그림이 그렇게 좋아?

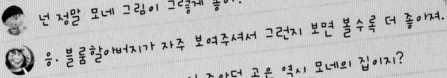

응. 블룸할아버지가 자주 보여주셔서 그런지 보면 볼수록 더 좋아져.

네가 가본 곳 중에서 제일 좋았던 곳은 역시 모네의 집이지?
너, 일본식 다리에서 보고 싶어 했잖아?

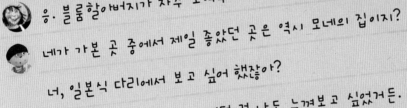

응. 거기에 서서 모네가 느꼈던 걸 나도 느껴보고 싶었거든.

그래서 뭘 느꼈는데?

햇볕, 바람, 꽃, 물. 헤헤.

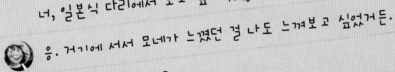

솔직히 나는 모네의 그림을 봐도 좋은 줄 모르겠더라.

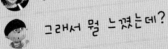

연규야, 너도 자꾸 보다보면 그림이 얼마나 멋진지 알게 될 거야.

주인공 인터뷰하기 혼자 묻고 혼자 대답하는 게 쉬운 일은 아니지만 작품 속 인물에게 이런 식으로 말을 시켜보면 더 많은 생각과 느낌을 꺼낼 수 있어요. 연규처럼 책을 보며 궁금했던 점을 물어보고 거기에 대한 답도 스스로 만들어 보세요.

이런 생각! 저런 생각!★

1. 모네의 그림을 보고 어떤 느낌이 들었나요? 가장 마음에 드는 그림은 어떤 것인가요?
2. 리네아와 블룸할아버지가 파리 여행을 간 것처럼 나도 꼭 가 보고 싶은 곳이 있나요? 그곳은 왜 가고 싶은가요?
3. 모네는 같은 그림을 여러 번 그렸는데, 그 그림들이 모두 같은 느낌이었나요?
4. 리네아가 그림을 감상하는 방법에는 어떤 것들이 있나요?

같은 주제 다른 책★

『모네』, 수잔나 파르취, 로즈마리 차허, 다림
『위대한 화가 아름다운 그림 70선』, 우리누리, 웅진주니어

연규의 친구들이 보여주는 독서록★

날짜 5월 8일 | 책이름 도서관 벌레와 도서관 벌레
글쓴이 김미애 | 그린이 마정원 | 출판사 파란정원 | 쪽수 112쪽

제목 동우야, 정말 도서관이 그렇게 재미있니?

난 책을 좋아하기는 하지만 아직 도서관 벌레는 아닌 것 같아. 때때로 책이 지겨울 때도 있거든. 동우야! 내가 몇 가지 물어봐도 될까? 그럼 시작한다.

동우야, 너 만날 2등만 할 때 마음이 어땠어?

많이 힘들었어. 난 사실 1등을 하고 싶은 건 아니었어. 엄마가 원해서 1등을 하려고 한 거지.

그렇구나. 그럼 영수도 많이 미웠겠네?

응, 아무래도 그렇게 되더라 지금 생각하면 영수한테 미안해.

지금은 정말 책이 좋아졌어?

응, 책은 읽을수록 더 재미있어지는 것 같아. 요즘도 영수랑 매일 도서관에 가.

그럼 책을 재미있게 읽는 방법 한 가지만 알려줄래.

책에도 나왔지만 상상하면서 읽는 거야. 그럼 만화영화보다 훨씬 재미있을걸.

동우야, 고마워. 다음에 궁금한 거 있음 다시 보자.

|오늘은 어떻게 쓸까?| 22

주인공이 되어 생각해 보기

"난 이거!"

사이다와 함께 과자 한 봉지를 골랐어요. 고깔모양을 한 과자인데 내가 제일 좋아하는 과자예요. 근데 소영이는 아까부터 골이 난 얼굴이에요.

"과자 안 먹어?"

"안 먹어!"

"야, 먹어. 너 안 먹으면 내가 다 먹는다!"

그때, 소영이가 '으앙!' 하며 울음을 터트렸어요.

소영이가 이렇게 우는 건 처음이에요. 잘난 척도 모자라 매일 나한테 구박이나 하는 깍쟁이가요.

"난……, 이 과자가 세상에서 제일 싫어. 우, 우리 오빠가 좋아하던 과자거든."

오빠? 한 번도 들은 적이 없는데?

"우리 오빠, 나 1학년 때 교통사고로 하늘나라 갔어."

MENU
₩ 30,-
₩ 30,-
₩ 20,-
₩ 3,-

머리를 망치로 맞은 것만 같았어요. 뭐라 말하고 싶었지만 어떻게 해야 할지 생각나지 않았어요.

"너 우리 집 갈래?"

한 번도 친구를 집에 데려간 적이 없었는데, 오늘은 이상하게도 소영이를 데려 가고 싶었어요.

나는 집 대신 가게로 가서 엄마에게 말했어요.

"엄마, 밥 줘!"

엄마는 곧 후라이드 치킨과 양념 치킨을 가져다주셨어요.

소영이가 눈을 동그랗게 뜨고 말했어요.

"밥 달라고 했는데 왜 치킨을 주셔?"

"가게에서 밥 달라고 하면, 그건 치킨 달라는 거야. 근데 소영이 너에게만 밥 주는 거다! 나 아무한테도 밥 주지 않았어. 우리 집이 닭집이라고 말하는 게 창피해서."

소영이도 피식 웃으며 말했어요.

"알았어. 비밀 지킬게. 대신 너도 내 비밀 지켜야 해!"

연규가 쓰는 독서록★

날짜 7월 27일 | 책이름 엄마 내 마음이 아파요

글쓴이 노경실 | 그린이 이형진 | 출판사 청년사 | 쪽수 116쪽

제목 행복하다고 생각해 봐

비밀은 언젠가는 밝혀지는 것 같다. 내가 지혜의 빵을 몰래 먹은 것도, 삼촌 양말에 구멍을 낸 것도 모두 밝혀져서 혼이 났던 일이 생각난다. 성호는 엉뚱하긴 하지만 친구들의 비밀 때문에 마음 아파하는 착한 아이이다. 선생님은 성호에게 행복한 이유 10가지를 찾아오라고 하셨지만 나는 우리 모두가 행복해지는 방법을 생각해 봤다.

1. 학교에서 시험 안 보기
2. 학원을 모두 없애기
3. 토요일은 몽땅 노는 날로 만들기
4. 엄마 아빠는 잔소리 안 하기
5. 늦잠 자는 날 만들기

다 쓰고 보니까 어른들이 허락해 줄 것 같지는 않다.

하지만 4번만이라도 어떻게 안 될까?

주인공이 되어 생각하기

연실이나 석주를 걱정하는 성호 마음이 예뻐 보이죠? 서로를 걱정하고 배려해주는 마음이 있다면 모두들 행복해질 수 있을 거예요. 성호가 숙제로 했던 것처럼 각자 행복해질 수 있는 방법을 찾아보세요. 솔직한 자기 마음을 표현하는 것이 중요합니다.

이런 생각! 저런 생각!★

① 내가 성호라면 연실이나 석주 이야기를 들었을 때 어떤 행동을 했을까요?

② 만약 한쪽 부모님이 안 계시거나 재혼하셨다면 내 기분이 어떨까요?

③ 그런 친구들은 어떻게 대해주는 것이 좋을까요?

같은 주제 다른 책★

『어느 날 우리 반에 공룡이 전학왔다』, 서지원, 길벗스쿨
『내 친구는 연예인』, 최은영, 주니어김영사

연규의 친구들이 보여주는 독서록

날짜 10월 28일 | 책이름 몽당분교 올림픽
글쓴이 김형진 | 출판사 책먹는아이 | 쪽수 210쪽

제목 이영애 되기

몽당분교 1학년인 이영애는 엄마 아빠가 나이지리아 사람이다. 하지만 '이영애'라는 이름처럼 나랑 똑같은 한국 어린이인 것 같다. 까만 피부 때문에 외국 아이지만 한국에서 태어났고, 한국에서 자라며 생각이나 행동은 나랑 너무 닮았기 때문이다. 그런 영애가 부모님이 불법체류자라며 우리나라에서 추방당하게 되는 모습을 보며 너무 속상하고 이상했다. 내가 영애라면 너무 억울할 것 같다. 누가 뭐라고 해도 난 분명 한국 어린이기 때문이다.
그때 영애가 경찰서에 신고만 하지 않았다면, 또 경찰아저씨가 왔을 때 숨어 있거나 나서지만 않았다면 이런 일은 벌어지지 않았을 텐데. 하지만 그것보다는 우리 생각이 바뀌는 게 더 중요할 것 같다. 사실 나도 길을 가다 나와 다른 피부색을 가진 아이들을 보면 다시 한 번 쳐다보곤 했는데 이젠 그러지 말아야겠다.

다문화 아이들이 행복해지려면

1. 피부색으로 친구를 판단하지 않기
2. 내가 먼저 다가가기
3. 진심으로 대하기

23

독서 퀴즈 만들기

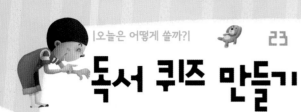

오늘은 할아버지와 함께 옷장 정리를 했어요. 처음에는 사진만 꺼내 볼 생각이었는데 끊임없이 무엇인가가 나오는 조그만 옷장이 마치 요술 상자 같아 호기심이 더 생겼어요.

"아, 이건……."

갑자기 할아버지가 탄성을 지르며 작은 상자를 꺼내셨어요.

상자는 너무 낡아 색이 누렇게 바랬는데 그 안에 꽃신이 들어 있지 뭐예요?

"신발 아니에요?"

"응, 근데 그냥 신발이 아니고 우리 어머니 신발이란다. 내가 어머니 유품으로 가지고 있었는데 지금 다시 보는구나."

음, 할아버지 어머니라니까 상상이 잘 안되었어요.

"내가 너만 했을 때, 등짐장수가 집에 왔단다. 그런데 어머니가 이 신발을 보고는 한 눈에 반하셨지 뭐니. 그래서 마음씨 좋은 아버지가 선뜻 사주셨단다."

BYD

"와, 등짐장수요? 그럼 보부상 말하시는 거예요? 학교에서 배웠거든요."

"그래, 옛날에는 물건을 등에 지고 다니며 장사하는 사람들이 많았단다. 한 곳에 머무르지 않고 이 마을 저 마을 떠돌아다니면서 말이지. 그리고 그 장사꾼들은 여러 새로운 소식을 동네 사람들에게 전하기도 했단다."

"아, 맞아요. 전쟁이 났을 때는 부대로 식량을 날랐다는 얘기도 들었어요."

"허허, 우리 연규가 잠 안 자고 열심히 공부했구나. 그런데 신발이 아직도 멀쩡하구나. 어머니는 돌아가셨는데 말이야."

나도 조심스럽게 신발을 쓰다듬으며 말했어요.

"와, 누가 만들었는지 몰라도 정말 튼튼하고 예쁘네요."

"그렇지? 옛날에는 갖바치라고 신발을 만드는 사람이 따로 있었단다."

"할아버지, 신발 만드는 사람이 따로 있었다면 다른 일하는 사람들도 많았겠네요?"

"그럼. 있고말고."

연규가 쓰는 독서록★

날짜 8월 3일 | 책이름 옛날엔 이런 직업이 있었대요

글쓴이 우리누리 | 그린이 이영원 | 출판사 주니어랜덤 | 쪽수 130쪽

제목 직업도 많고 이름도 많다

난 다 알아맞힐 자신 있는데 이런 건 시험에 안 나오니 아쉽다.

문제를 만들어서 애들한테 물어봐야지.

❶ 소금, 건어물, 미역, 무쇠 솥, 옹기, 나무제품 등을 팔러 다닌 사람은?

❷ 보부상단을 이끌고 있는 우두머리를 부르는 이름은?

❸ 버드나무를 엮어서 바구니 같은 생활도구를 만들던 사람은?

❹ 악기 연주나 노래 또는 춤과 재주로써 구걸하며 떠돌던 사람은?

❺ 원래는 외국어 통역을 했지만 무역을 통해 큰돈을 벌어들이기도 한 사람들은?

❻ 사또를 도와서 고을 일을 돌보는 관리로 고을의 인구와 세금을 맡은 사람은?

❼ 궁궐에 갓 들어온 궁녀는? 그리고 궁녀 중 제일 우두머리는 누구일까?

❽ 판소리를 아주 잘하는 최고의 소리꾼은 어떻게 부를까?

❶ 보부상 ❷ 접장 ❸ 고리백정 ❹ 광대 ❺ 역관 ❻ 아전 ❼ 생각시, 제조상궁 ❽ 명창

독서 퀴즈 만들기

알아두면 좋은 이야기들이 많이 나오는 책들은 연규처럼 문제 만들기를 해보는 것도 좋아요. 읽으면서 가장 중요하거나 흥미롭게 생각했던 것 들을 중심으로 10개 정도 만들어 봅니다.

이런 생각! 저런 생각!★

1. 내가 옛날에 살았다면 어떤 직업을 가지고 싶은가요? 그 이유는 무엇인가요?
2. 지금도 있었으면 하는 직업이 있나요?
3. 절대로 해보고 싶지 않은 직업도 있었나요?
4. 나중에 커서 어떤 일을 하는 사람이 되고 싶은가요?

같은 주제 다른 책★

『천하무적 조선소방관』, 고승현, 책읽는곰
『게 물렀거라! 가마꾼 납신다』, 이영란, 아이세움

연규의 친구들이 보여주는 독서록★★

날짜 9월 16일 | 책이름 아씨방 일곱 동무
글쓴이 이영경 | 그린이 이영경 | 출판사 비룡소 | 쪽수 32쪽

제목 나는 누구일까요?

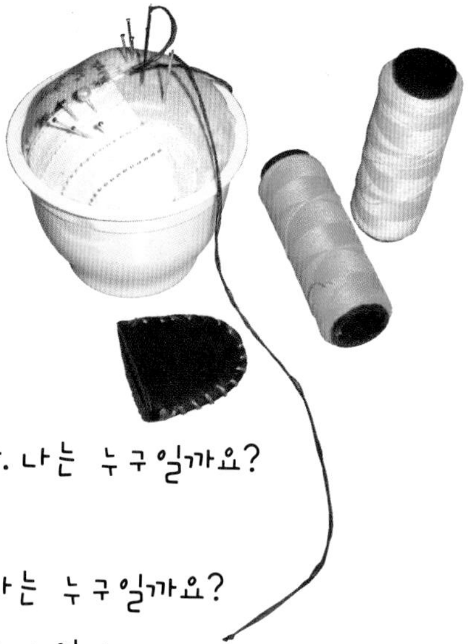

빨간 두건 아가씨에게는 일곱 동무가 있다.
일곱동무는 모두 중요하다.
왜냐하면, 일곱 동무 모두가 있어야 옷을 만들 수 있기 때문이다. 이 동무들은 누구일까요?

❶ 나는 옷감이 좁고 넓음, 길고 짧음을 잴 수 있답니다. 나는 누구일까요?
❷ 싹둑싹둑 모양 좋게 베어내는 나는 누구일까요?
❸ 직녀 언니가 샘내는 날랜 솜씨로 이솔저솔 꿰매는 나는 누구일까요?
❹ 아름다이 한 솔 두 솔 꿰어도 내가 없으면 아무 소용이 없어 나는 누구일까요?
❺ 뾰족발로 걸음걸음 맵시를 만드는 나는 누구일까요?
❻ 말끔히 반듯하게 펴주는 나는 누구일까요?
❼ 아씨의 손을 보호하는 나는 누구일까요?

❶ 자 부인 ❷ 가위 색시 ❸ 바늘 각시 ❹ 홍실 각시 ❺ 인두 낭자
❻ 다리미 소저 ❼ 골무 할미

24

등장인물 별명 지어주기

하루는 궁금해서 물었거든요.

"엄마, 배달 다니는 게 재밌어요? 아빠, 닭만 튀기면 지겹지 않아요?"

엄마 아빠는 웃으며 말씀하셨어요.

"응, 엄만 이 일이 좋아. 사람들에게 맛있는 닭도 줄 수 있고, 돈도 벌 수 있고, 또 오토바이를 타고 쌩쌩 달리면 기분이 얼마나 좋은지 아니?"

"난 닭이 뜨거운 기름 속에서 고소하게 튀겨지는 냄새가 좋아. 또 사람들이 우리 닭이 맛있다며 칭찬할 때는 더욱더 기분이 좋아진단다."

생각해보니 정말 그래요. 자기 일을 좋아하지 않으면 아무리 많은 돈을 벌 수 있다고 해도 행복하지 않을 것 같아요.

어제는 삼촌이 진지하게 내게 물었어요.

"연규야, 네 꿈은 뭐니? 커가 뭐가 되고 싶어?"

위풍당당 닭닭

이상했어요. 옛날에는 장래희망 얘기만 나와도 머리가 지끈지끈 아팠거든요. 그런데 웬일인지 아무렇지도 않았어요.

"난 요리사도 되고 싶고, 아나운서도 되고 싶어. 또 비행기 조종사도 멋질 것 같아. 삼촌은 내가 뭐가 됐으면 좋겠어?"

"연규 네가 꼭 하고 싶은 일이 있을 거야. 우리가 잘 아는 위인들 모두 자신이 좋아하고, 관심 있는 일에 열정을 쏟았어. 꿈은 생각만해서는 안 되는 거야. 열심히 노력해야 해. 그러니까 너도 이제부터 네가 좋아하는 일에 매달려 봐."

"삼촌은 날 믿어?"

"그럼, 난 내 조카 나연규를 믿지. 그리고 요즘 네가 얼마나 대견스러운지 몰라. 옛날에는 책이라면 도망가던 녀석이 책도 스스로 찾아서 읽고 말이지. 빌게이츠가 이렇게 말했어. '내가 어릴 적 책을 열심히 읽지 않았거나 우리 동네와 우리 학교에 도서관이 없었다면 오늘날의 빌게이츠는 없었을 것이다.' 하고 말이지."

학교에 다녀온 뒤 책상에 앉았어요. 그러고는 다시 한 번 삼촌 말을 곰곰이 생각했어요. 내가 정말로 좋아하는 일이 무엇이고, 또 내가 하고 싶어하는 일은 무엇인지를요.

연규가 쓰는 독서록

날짜 8월 10일 | 책이름 첨벙첨벙, 물길 따라 물고기 따라 : 물고기 박사 최기철 | 쪽수 180쪽

글쓴이 이상권 | 그린이 이정규 | 출판사 우리교육

제목 최기철 박사님은 '메기'

머리가 하얀 최기철 박사님 사진을 보니까 우리 할아버지보다 훨씬 늙어보여서 깜짝 놀랐다. 그런데 자세히 보니까 최기철 박사님은 꼭 '메기' 같다. 메기도 수염이 길게 나서 할아버지 같은 느낌을 주는데 박사님도 하얗게 센 머리카락에 활짝 웃으시는 모습이 비슷해 보이기 때문이다. 게다가 민물고기를 연구하셨다니 메기랑 너무나 잘 어울린다. 내가 이런 별명을 지었다고 하면 박사님이 화를 내실까?

최기철 박사님은 나이 50이 다 되어서야 물고기를 연구해야겠다는 생각이 들었다고 했는데 그 나이에 뭔가 새로운 걸 시작한다는 게 무척 대단해 보였다. 나는 아직도 뭐가 되어야 할지 잘 모르겠다. 다른 아이들은 이미 되고 싶은 게 정해져 있다. 나만 늦은 게 아닌가 걱정했는데 박사님을 보고 용기를 얻었다.

등장인물 별명 지어주기

등장인물들은 모두 펄펄 살아 움직이는 물고기와 같아요. 책 속에서 활동하는 모습이 그렇다는 얘기지요. 이렇게 **주인공에게 별명** 을 지어주고, 왜 그런 별명을 지었는지 **이유** 도 함께 써 봅니다.

이런 생각! 저런 생각!★

❶ 최기철 박사님 이야기를 읽고 배울 점이 있었나요?
❷ 내가 알고 있는 민물고기 이름은 어떤 것이 있나요?
❸ 나는 무엇이 되고 싶은가요?
❹ 재미있는 물고기 이름을 찾았나요?

신나는 북아트 BOOKART

준비물 색지, 하드보드지, 리본테이프

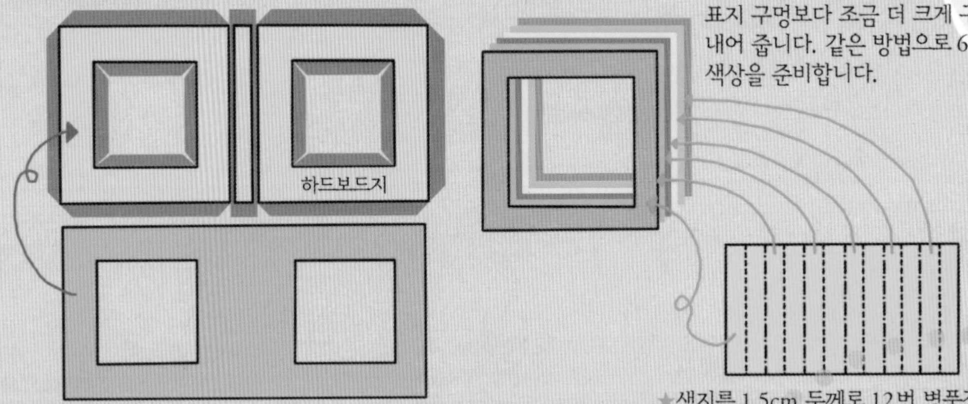

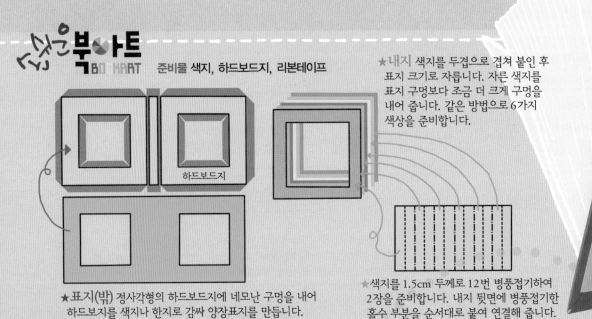

★**내지** 색지를 두겹으로 겹쳐 붙인 후 표지 크기로 자릅니다. 자른 색지를 표지 구멍보다 조금 더 크게 구멍을 내어 줍니다. 같은 방법으로 6가지 색상을 준비합니다.

★**표지(밖)** 정사각형의 하드보드지에 네모난 구멍을 내어 하드보지를 색지나 한지로 감싸 양장표지를 만듭니다.

★**표지(안)** 책 사이즈보다 좀 작은 정사각형 색지를 오려 하드보드지가 보이지 않게 마무리해 줍니다.

★색지를 1.5cm 두께로 12번 병풍접기하여 2장을 준비합니다. 내지 뒷면에 병풍접기한 홀수 부분을 순서대로 붙여 연결해 줍니다. 내지에 이야기를 순서대로 그려 배열하여 붙이면 터널북이 된답니다.

연규의 친구들이 보여주는 독서록★

날짜 6월 20일 | 책이름 빨간 끈으로 머리를 묶은 사자
글쓴이 남주현 | 출판사 천둥거인 | 쪽수 32쪽

제목 빨간 리본 사자님

이 책을 읽으면서 할머니께서 사주신 '빨간 두건 아가씨'라는 책이 생각났다. 그래서 사자에게 '빨간 리본 사자님'이라는 별명을 지어주고 싶다. 얼마나 리본으로 머리를 묶고 싶었으면 밀림의 왕자인 사자가 긴 코 코끼리, 멋진 뿔 사슴, 날카로운 이빨 토끼, 뾰족 부리 딱다구리, 작은 거미에게 부탁을 했을까?

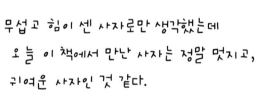

무섭고 힘이 센 사자로만 생각했는데 오늘 이 책에서 만난 사자는 정말 멋지고, 귀여운 사자인 것 같다.

사자도 멋지지만 그런 사자의 맘을 잘 알고 문제를 해결해 준 거미는 '최고의 해결사'로 불러주고 싶다.

25

책(이야기) 소개하기

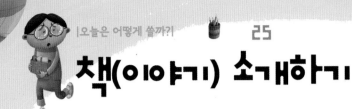

아침밥을 먹으며 뉴스를 보다 깜짝 놀랐어요. 우리 동네 중학생 형이 성적을 비관해서 자살했다는 뉴스가 나왔거든요.

학교에서도 아이들은 온통 그 이야기뿐이었어요.

"그 형아, 전교 3등 안에 들었던 형이래. 근데 기말고사를 못 봤나봐."

"또 학원을 다섯 개나 다녔대. 놀지도 못하고 내내 죽어라 공부만 한 거지!"

그때 선생님이 들어오셨어요. 선생님 얼굴은 다른 때와는 다르게 조금 어두웠지요.

나는 나도 모르게 손을 들고 말했어요.

"선생님, 공부가 세상에서 제일 중요한가요?"

선생님은 고개를 갸웃거리며 말씀하셨어요.

"당연히 학생은 공부를 열심히 해야지. 근데 그건 왜 물어?"

이번에는 소영이가 일어나 물었어요.

"선생님, 그럼 공부 때문에 자살하는 학생들을 어떻게 생각하세요?"

선생님은 깜짝 놀란 얼굴로 우리의 얼굴을 찬찬히 둘러보며 조심스레 말씀하셨어요.

"응, 선생님은 그런 결정을 내린 학생을 몹시 안타깝게 생각해. 성적만을 중요시하는 사회가 잘못된 것도 사실이지만 자식을 먼저 보낸 부모님의 심정은 어떨까?"

어쩐 일로 부끄럼 많은 희찬이가 일어나 말했어요.

"그렇지만 그 형아가 얼마나 힘들었으면 그랬겠어요?"

"그래, 많이 힘들었을 거야. 하지만 의지가 약했던 거지. 스스로에 대한 믿음과 가족에 대한 배려가 부족했던 거야. 힘들었어도 헤쳐나가야 했어."

이상하게 왠지 마음 한 쪽이 텅 빈 듯 허전했어요.

선생님은 가만가만 이야기를 이어가셨어요.

"세상이 참 밝고 아름답지? 하지만 한 쪽에서는 힘들게 사는 이웃도 있고, 전쟁으로 힘없는 사람들이 죽어가는 곳도 있단다. 선생님은 진심으로 부탁하고 싶구나. 너희들 모두 소중한 존재라는 걸 알고, 스스로를 소중하게 지켜주었으면 해."

연규가 쓰는 독서록★★

날짜 8월 17일 | 책이름 생명이 들려준 이야기

글쓴이 위기철 | 그린이 이희재 | 출판사 사계절 | 쪽수 240쪽

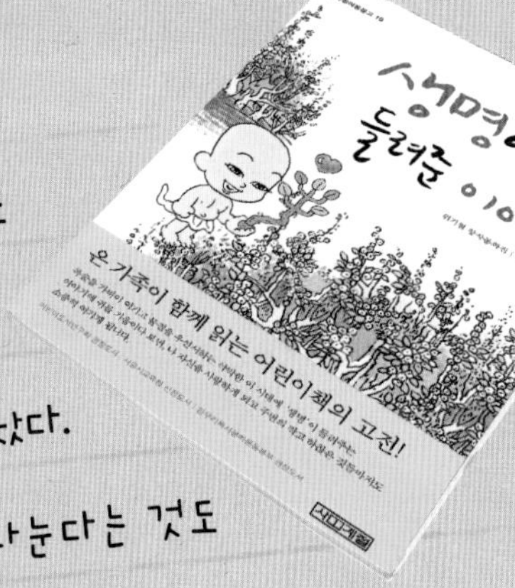

제목 생명은 소중한 거야

나도 부모님이 나를 사랑하지 않는 것 같아서 슬플 때도
있었지만 그것 때문에 죽으려고 했던 토담이는 정말
바보 같다. 뉴스에서 나왔던 중학생 형 이야기도 생각났다.
생명과 죽음이 찾아와, 토담이와 사람처럼 이야기를 나눈다는 것도
신기했지만 나는 칼끝이라는 사형수가 감옥 안에서 참새를 살리는 이야기가
더 기억에 남는다. 칼끝은 사람을 죽여 감옥에서 사형을 기다리는 죄수이다.
이런 그를 작은 참새 한 마리가 변하게 했다는 것이 너무 감동적이었다.
선생님께서는 우리 주변에는 어려운 사람도 많고, 전쟁을 치르느라 힘든 사람들도
있다고 하셨다. 생명이라는 게 얼마나 소중한 것인데 중학교 형처럼 함부로
버리거나 전쟁을 해서 남을 죽이는 일이 벌어지는지 모르겠다. 모든 사람들에게
이 책을 읽게 해서 생명의 소중함을 알려주고 싶다.

책(이야기) 소개하기

여러 가지 이야기가 들어있는 책은 독서록을 어떻게 써야 할지 모르겠다고요? 걱정하지 마세요. 그 중에 가장 마음에 드는 한 가지 이야기를 골라 소개 해주면 되요. 책 전체에 대한 느낌을 먼저 이야기하는 것도 잊지 마세요.

이런 생각! 저런 생각!★

1. 어떤 이야기가 가장 기억에 남았나요?
2. 지은이는 우리에게 무엇을 이야기하고 싶었을까요?
3. 생명을 소중하게 여겨야 하는 이유가 무엇일까요?
4. 생명은 정말 소중할까요? 왜 그런가요?

북아트 BOOKART

준비물 색지, 하드보드지

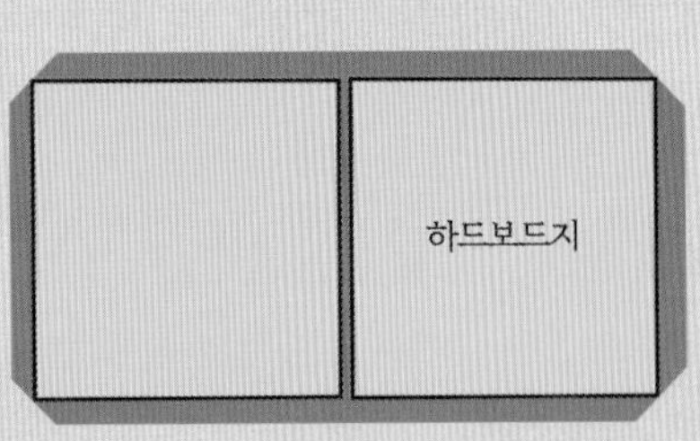

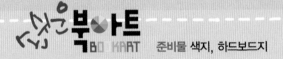

★표지(겉) 정사각형의 하드보드지를 색지나 한지로 감싸 양장표지를 만들어요.

★내지 4등분으로 접었을 때 표지보다 작은 사이즈의 색지를 3장 준비해요.

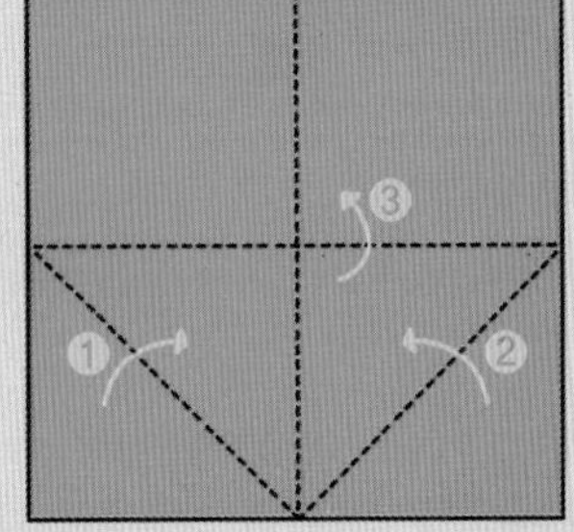

★4등분한 색지를 번호 순서대로 접어주면 글을 쓸 수도 있고 주머니처럼 물건을 넣을 수도 있어요. 같은 방법으로 3장 준비해주면 작은 독서록책이 되요.

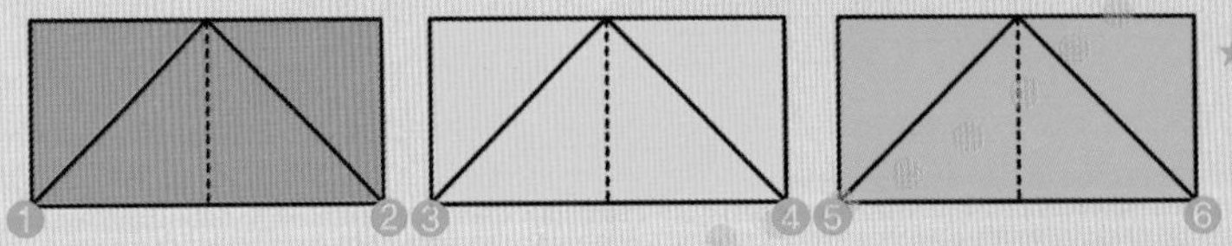

★❷❸, ❹❺는 뒷면을 붙여 주고, ❶과 ❻은 앞뒤 표지에 붙여 주어 책처럼 펼칠 수 있게 합니다.

연규의 친구들이 보여주는 독서록★

날짜 9월 1일 | 책이름 그림자는 내 친구

글쓴이 박정선 | 그린이 이수지 | 출판사 천둥거인 | 쪽수 32쪽

제목 알수록 재미있는 그림자

이 책은 그림자에 대한 이야기다. 빛이 있는 곳에선 언제나 나를 졸졸 따라 다니는 그림자가 생기는 이유에 대해 쉽게 설명되어 있다.
그림자는 빛을 막아 생기는 것으로 빛이 오는 반대 방향에 생긴다.
그림자는 물체에 부딪치지 않고, 투명한 물체를 통과할 수도 있다.
하지만 투명하지 않은 물체는 통과하지 못한다.
그렇다면 내 그림자를 없애려면 어떻게 해야 할까?
나보다 큰 더 큰 사람에게 다가가면 된다. 그 사람 그림자 속에 내 그림자가 겹쳐져 내 그림자는 사라지고 그 사람 그림자만 남게 된다. 그림자는 알수록 재미있는 것 같다. 쉽고 재미있게 그림자의 원리를 알려주는 책이다.

26

줄거리와 느낌 조화롭게 쓰기

'날마다 고요히 앉아서 글을 읽고 또 읽는 사람, 가끔씩 벗이 찾아와 주기라도 하면 얼굴에 웃음꽃이 피어나는 사람, 아무도 알아주지 않는 세월을 보내고 있지만 스스로 마음을 위로하며 다독이는 사람'

엎드려 책을 읽다가 나도 모르게 연필을 들어 책에 밑줄을 쭉 그었어요. 처음이에요. 책을 읽다가 밑줄을 그은 건. 하지만 읽으면 읽을수록 밑줄을 긋고 다시 한 번 읽어보게 되었어요.

삼촌은 그런 나를 보며 한 마디 툭 건넸어요.

"너, 바보구나? 책. 만. 보. 는. 바. 보!"

순간 눈이 번쩍 떠졌어요. 내가 읽고 있는 책 제목이 '책만 보는 바보' 였거든요.

"삼촌, 책 표지 봤구나?"

"아니, 정말 내 조카 나연규가 책만 보는 바보 같아서……."

기분이 이상했어요. 정말 내가 하루도 손에서 책을 놓은 적이

없는 책 속 주인공 이덕무처럼 바보일까요?

어쩐지 '바보'란 말이 나쁘지 않았어요. 그리고 나에게도 '책만 보는 바보'란 말이 어울릴까 생각했어요. 하지만 전 닮고 싶어요. 이덕무만큼은 못 되겠지만, 좀 더 많은 책들 속에 묻혀서 책과 친구가 되고 싶었어요.

책장 앞에 앉아 그 동안 읽었던 책들을 뽑았어요. 혼자 읽기에는 아깝다는 생각이 들었거든요.

맞아요, 이 책을 반 친구들과 함께 읽을 계획이에요. 친구들도 책을 친구 삼아, 나처럼 가슴 속에 새로운 상상과 꿈을 꿀 수 있게 말이에요!

연규가 쓰는 독서록★

날짜 8월 24일 | 책이름 책만 보는 바보

글쓴이 안소영 | 그린이 강남미 | 출판사 보림 | 쪽수 288쪽

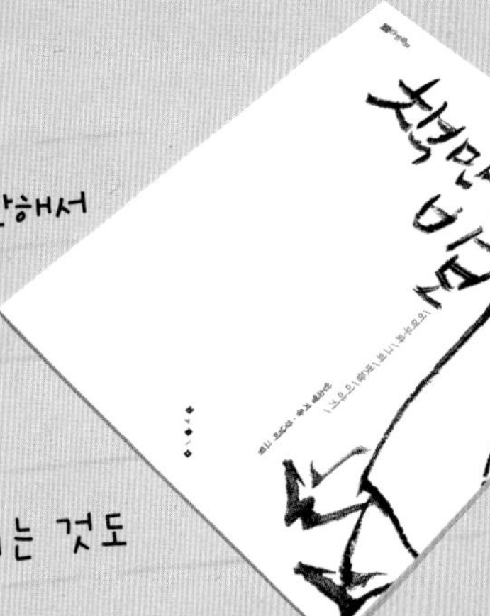

제목 닮고 싶은 바보 이덕무

이덕무는 불쌍하기도 하지만 멋진 사람이었다. 너무 가난해서
책을 덮고 자고, 책을 읽으면서 배고픈 것을 잊으려고
했다는데 나 같으면 그런 건 못할 것 같다.
배가 고프면 잠도 안 오고, 책을 읽는다고 배가 불러지는 것도
아니니까 있는 책을 몽땅 팔아서 먹는 걸로 바꿨을 것 같다.
삼촌한테 '유유상종'이라는 멋진 말을 배웠는데, 이덕무와 그 친구들에게 딱 맞는
말이다. 책을 읽고 서로 생각을 나누는 일은 근사한 일인 것 같다. 특히 유득공은
늘 붓과 종이를 소매에 넣어 다니면서 생각나는 것들이나 알게 된 사실들을
적어놓았다고 한다. 그리고는 그것을 글상자에 모았다고 하는데 나도 앞으로
그런 상자를 하나 만들 계획이다. 그동안 책을 보지 않았던 시간들이 아깝다는
생각을 하며 내가 읽었던 책들을 모두 학급문고에 두고 친구들과 함께 읽을
생각이다. 그러면 이덕무와 그 친구들처럼 나도 멋진 친구들이 많아질 테니까.

줄거리와 느낌 조화롭게 쓰기

처음에는 줄거리를 정리하고 그 다음에 자기 생각을 적는 방법은 별로 권하고 싶지 않아요. 처음부터 책을 읽은 **느낌이나 생각**으로 시작해서 **줄거리**를 중간 중간 넣고, 또다시 자기 **생각**을 쓰게 되면 훨씬 재미있는 독서록이 된답니다.

이런 생각! 저런 생각!★

❶ 이덕무에게 '책만 보는 바보' 대신 새로운 별명을 다시 붙여 볼까요?

❷ 나는 책을 좋아하는 편인가요?

❸ 책을 많이 읽으면 어떤 점이 좋을까요?

같은 주제 다른 책★

『책귀신 세종대왕』, 이상배, 처음주니어
『우정의 조건』, 수지 모건스턴, 시소

연규의 친구들이 보여주는 독서록★

날짜 4월 22일 | 책이름 종이밥
글쓴이 김중미 | 그린이 김환영 | 출판사 낮은산 | 쪽수 106쪽

제목 '돈'보다 중요한 건 '가족'

송이는 부모님이 돌아가셔서 몸이 아픈 할아버지, 할머니 그리고 오빠 철이랑 넷이 산다. 이제 초등학교 1학년이 되는 송이는 입학할 때 받고 싶은 선물도 많고, 친구 다솜이도 이기고 싶은 욕심 많은 아이다.
하지만 송이네 집은 너무 가난해서 부족한 게 너무 많다. 그래도 송이는 항상 명랑했다.
그런 송이를 보며 대견한 마음이 들었다. 내가 만약 송이였다면 난 그렇게 명랑할 수 없을 것 같다. 또 철이가 동생을 깊이 사랑하고 아껴주는 모습을 보며 동생과 매일 싸우는 내가 너무 창피하게 느껴졌다.
송이는 집에 혼자 있을 때 종이를 먹는다. 난 엄마가 건강에 좋지 않다고 해서 학교 앞 문방구에서 파는 불량식품도 먹지 않는데, 송이는 너무 외로워서 그런 버릇이 생긴 것 같아 가슴이 아팠다. 송이가 옆에 있다면 내가 데리고 와서 놀아주기도 하고, 밥도 같이 먹고, 잠도 재워줄 텐데. 송이네 가족을 보면서 내가 얼마나 행복한지 다시 깨닫게 됐다.

★ 3학년 1학기 〈국어〉 7단원 '이야기의 세계'
3학년 2학기 〈국어〉 7단원 '마음을 읽어요' 연계

나, 오늘 독서록 어떻게 써!

2010년 11월 1일 초판 1쇄 발행 | 2013년 2월 25일 초판 9쇄 인쇄

글 조혜원 | 그림 진정윤

펴낸이 정태선
편집 안경란 · 이소영 | 디자인 고정자 · 이상명 | 마케팅 김현우

펴낸곳 파란정원 | 출판등록 제312-2009-000054호
주소 경기도 고양시 덕양구 토당동 335-72 1층 | 전화 031-970-1628 | 팩스 031-970-1629
홈페이지 Http://www.eatingbooks.co.kr | 전자우편 eatingbooks@naver.com
출력 스크린출력 | 종이 진영지업 | 인쇄 조일문화인쇄사| 제본 경문제책사

ISBN 978-89-963570-8-7 63710
이 도서의 국립중앙도서관 출판시도서목록(CIP)은 e-CIP 홈페이지(http://www.nl.go.kr/ecip)에서
이용하실 수 있습니다.(CIP제어번호: CIP2010003802)

*잘못된 책은 구입하신 서점에서 바꿔 드립니다.